名师工程
卓越教师系列

新课程·新理念·新教学
丛书编委会主任：马立 宋乃庆

广东省教育科研“十三五”重点课题“教育现代化背景下欠发达地区教师专业成长特征与影响因素——以湛江为例”（2017ZQJK026）研究成果

在坚持 赢

名师走向卓越的原动力

林文明 高家欢 何菁菁/著

西南師範大學出版社
全国百佳图书出版单位 国家一级出版社

图书在版编目（CIP）数据

赢在坚持：名师走向卓越的原动力/林文明，高家欢，何菁菁著．—重庆：西南师范大学出版社，2019.12

名师工程

ISBN 978-7-5621-9897-0

Ⅰ.①赢…　Ⅱ.①林…　②高…　③何…　Ⅲ.①师资培养-研究　Ⅳ.①G451.2

中国版本图书馆 CIP 数据核字（2020）第 007196 号

名师工程系列丛书

编委会主任：马　立　宋乃庆

总策划：周安平

策　划：李远毅　卢　旭　郑持军　郭德军

赢在坚持——名师走向卓越的原动力

林文明　高家欢　何菁菁　著

责任编辑：王传佳　汪红英

封面设计：晨罡文化

出版发行：西南师范大学出版社

地址：重庆市北碚区天生路1号

邮编：400715　市场营销部电话：023-68868624

http：//www.xscbs.com

经　销：新华书店

印　刷：重庆荟文印务有限公司

开　本：720mm×1030mm　1/16

印　张：9.75

字　数：155 千字

版　次：2020 年 5 月　第 1 版

印　次：2020 年 5 月　第 1 次

书　号：ISBN 978-7-5621-9897-0

定　价：35.00 元

《名师工程》

系列丛书

《名师工程》系列丛书

征稿启事

《名师工程》系列丛书是西南师范大学出版社策划、组织出版的大型系列教育丛书。丛书以新课程下的新教学为背景，以促进施教者的教育能力为落脚点，以提高教育质量、提升教师水平为宗旨。

丛书首批推出的“名师讲述”“教学提升”“教学新突破”“高中新课程”“教师成长”“大师讲坛”“教育细节”“创新语文教学”“教育管理力”“教师修炼”“创新数学教学”“教育通识”“教育心理”“创新课堂”“思想者”“名师名课”“幼师提升”“优化教学”“教研提升”“名校长核心思想”“名校”“高效课堂”“创新班主任”“教育探索者”“陕西”“名师解码”“名师教学手记”“国际视野”等系列，共160多个品种，其余系列也将陆续出版。为了让广大教师有一个交流、借鉴的机会，同时也为了给广大教师提供更多、更好的图书，《名师工程》系列丛书编辑出版委员会特向全国教育工作者征集稿件。

稿件要求：

1.主题鲜明、新颖，有独创性。

2.主题以提升教育能力为主，也可适当外延。

3.主题要有一定规模、有典型案例支撑。

4.案例要贴近教育实际，操作性强。

5.文章、书稿结构清晰，语言精彩。

书稿作者在选题确定之后，请及时与我们做好沟通，具体事宜确定好之后再进行创作；也欢迎用已经完稿的稿件投稿。一线教师如希望参与图书案例的创作，可联系我社策划机构，由策划机构备案，在适合的图书中参与创作。

真诚欢迎各位教师踊跃投稿。

联系方式：

西南师范大学出版社高教分社北京策划部

电话：010-68403096

E-mail：guodejun1973@163.com

编者的话

当前，以人为本的教育理念正在逐步深化，素质教育以及基础教育课程改革不断推进。在这场深刻又艰苦的教育改革中，涌现了无数甘为人梯、乐于奉献的优秀教师。他们积极探索、更新观念、敢于创新、善于改革，在实践中创造性地发展、总结了很多先进的教育思想、教育理念；创造性地开发了很多新的教学模式、教学内容和教学方法。这些新思想、新模式、新方法在实践中极大地提高了教学质量，是教育改革实践中的新内涵和宝贵财富。这些优秀教师就是我们的名师，这些新内涵就是名师的核心教育力。整理、总结、发展、推广这些教育新内涵，是深化教育改革、完善教育体制、提高教育质量、提升教师水平的一件大事。

教育，是民族振兴的基石；教师，是教育发展的根基。

胡锦涛在全国优秀教师代表座谈会上指出："教师是人类文明的传承者。推动教育事业又好又快发展，培养高素质人才，教师是关键。没有高水平的教师队伍，就没有高质量的教育。"十七大报告又进一步强调了必须加强教师队伍建设，不断提高教师的素质。当今世界，社会进步一日千里，科技发展日新月异，知识更新的周期越来越短。教师作为"文明的传承者"更要与时俱进，刻苦钻研、奋发进取，尽快提升自身素质和能力，为推动教育事业的健康发展贡献自己的力量。

基于以上，西南师范大学出版社策划、组织出版了大型系列教育丛书——"名师工程"。希望通过总结名师的创新经验、先进理念，宣传名师的核心教育力，为广大教师职业生涯提供精神源泉和实践动力，在教育实践层面切实推动从教者职业素养的提升。通过"名师工程"实现"打造名师的工程"。

丛书在策划、创作过程中力求实现以下特色：

一、理念创新，体现教育的人本精神

教师角色在以人为本的教育理念下发生了重大的变化，教师的素质和能力也面临更高的要求。如何弘扬、培植学生的主体性、增强学生的主体意识、发展学生的主体能力、塑造学生的主体人格等问题成为教师在目前教育中亟待解决的难题。丛书以教育管理者和教师为主要读者对象，通过教师综合素质的提高而将人本教育的思想落实到教育实践中，真正实现教育培养人、塑造人、发展人的本质要求。

二、全面构建，系统提升教师的教育能力

丛书选题的最大特点就是系统、全面地针对教师教育能力的提升而展开。施教者的能力决定教育的效果，教育改革的落实、教育效果的提高无不体现在教师身上。丛书针对不同教育能力、不同教学要求、不同教育对象，有针对性地设置选题。棘手学生、课堂切入、引导艺术、班主任的教导力、互动艺术、课堂效率、心灵教育等等，这些鲜明的主题从教育的细节出发，从教育实际情况出发，有针对性地解决问题，让教师在阅读中学有所指、读有所获。

三、科学权威，体现教育的时代前沿性

丛书邀请全国各地著名的教育工作者执笔，汇集在教育改革与实践中涌现的先进理念、成果和方法，经过专家认真遴选、评点总结而成，代表了目前教育实践中先进的教育生产力，具有时代前沿性，是广大一线教师学习、借鉴的好素材。

四、注重实践，突出施教的实用价值

丛书采用了通俗的创作方法，把死板的道理鲜活化，把教条的写法改变为以案例为主，分析、评点为辅，把最先进的教育理念和方法融入有趣的情境中。经典的案例，情境式的叙述，流畅的语言，充满感情的评述，发人深省的剖析，娓娓道来、深入浅出，让教师更充分地领会先进、有效的教育方法。

在诸多教育、出版界同仁的支持与努力下，“名师工程”陆续推出了“名师讲述系列”“教学提升系列”“教学新突破系列”“高中新课程系列”“教师成长系列”“大师讲坛系列”“教育细节系列”“创新语文教学系列”“教育管理力系列”“教师修炼系列”“创新数学教学系列”“教育通识系列”“教育心理系列”“创新课堂系列”“思想者系列”“名师名课系列”“幼师提升系列”“优化教学系列”“教研提升系列”“名校长核心思想系列”“名校工程系列”“高效课堂系列”“创新班主任系列”“教育探索者系列”等系列，共160多个品种，后续图书也将陆续出版。

丛书在出版创作过程中得到各地、各级教育部门与教育工作者的大力支持与帮助，在此一并表示感谢！

教育事业是全社会共同的事业，本丛书的出版一方面希望能对广大教育工作者有所帮助，共飨先进成果；另一方面也是抛砖引玉，希望更多的教育工作者参与到出版创作中来，百家争鸣、百花齐放，为促进教育事业的发展共同努力！

引　言

平凡者如何脱颖而出

教师专业发展又称教师专业成长，是指教师作为专业人员，在职业道德、专业思想、专业知识、专业能力、专业品质等方面由不成熟到成熟的发展过程，即由一名新手教师发展成为研究型教师、专家型教师或学者型教师的过程。促进教师专业发展、实现师资现代化是提高教育质量的重要保障，也是教育现代化的深切呼唤。在新时代，欠发达地区教师的专业成长面临着一系列问题，厘清这些问题的影响因素，提出应对策略并对教师专业成长的趋势进行预测，有利于加快本地区教师专业化的建设进程，为其他地区教师的专业成长提供借鉴。

一、教师专业发展的影响因素

（一）教学压力大，学习时间紧

我国教师普遍感到职业压力大、学习时间紧张，而考试与工作负担则是教师的两大“职业压力源”。

一方面，虽然近年来素质教育的呼声越来越高，但以升学率作为办学质量指标的弊病依然没有得到很好的解决。学校、家长、社会以升学率评价教师的现象还很普遍，教师承受着来自学校、家长、社会三方面的压力，还要安排大量时间应对考试，这些都让教师深感无奈。

另一方面，繁重的教学工作占据着教师绝大部分的时间。很多教师不仅要完成常规的备课、上课、批改作业、监督早晚自习等工作内容，还要承担名目繁多且琐碎的班级管理工作，诸如应付各级各类的检查、组织学生开展课外活动、与家长沟通学生的情况等。繁重的工作使教师的自主学习时间得不到保障，不仅影响了教师教学质量的提高，也阻碍了教师自身的专业发展。

（二）培训活动单一，难以满足需求

作为促进教师专业发展的重要途径，职后培训并没有发挥应有的作用。无论是在形式上还是在内容上，职后培训都过于单一，且缺乏针对性。我国现行的教师职后培训沿袭了20世纪80年代继续教育的模式：在形式上主要是大规模集中教学，以学科为界，不同教龄、不同学历的教师集中在一个班进行同样的课程学习；在内容上主要以系统的知识、教学技能和方法讲授为主，辅之以参观或观摩，师生间以及学员间的互动、案例分析和现场指导相对较少。而忽视教师的个性与差异，缺乏与一线教学实践的联系以及过分偏向理论知识传输的讲座式培训，不仅会降低教师对培训内容进行迁移的有效性，而且难以满足教师专业发展的实际需求。

（三）专业认识不足，内在动力不够

教师专业发展就其本质而言，是教师自发地寻求自我提升的过程，其提升的速度与质量很大程度上受限于教师个体在这一过程中的能动性和自觉性，而教师的内在动力又受到其专业认识水平的影响。对专业发展的理论和阶段划分的不熟悉，对专业发展的必要性和价值的不了解，都导致教师无法对自身做出准确的定位，更无法明确通过专业发展要达到的目标或是该以何

种手段来达到目标。认识影响行为，教师对专业发展认识的不足带来的必然是较低的专业发展动机，而低水平的专业发展动机不仅会使教师对教学工作缺乏热情，而且不利于教师对自身发展路线进行合理的规划，从而影响其专业发展方向的正确性。

二、教师专业发展的应对策略

随着教学改革的不断深入，教师专业发展已经成为教育领域备受关注的重要问题。教师如果固守本位，不积极谋求专业发展，将会被时代无情地抛弃。那么，如何才能促进教师的专业发展呢？我们认为可以从专业自觉、行业定位、职业规划三个方面进行。

（一）专业自觉

《现代汉语词典》（第7版）对“自觉”有两种释义：一是自己感觉到；二是自己有所认识而觉悟。“专业自觉”一词被运用于各行各业，曹长德教授在《论教师专业自觉》一文中对教师专业自觉进行了论述，他认为教师的专业自觉是指“教师对自己所从事的教育工作的专业性的清晰体认，明确教师专业的特点和发展方向，形成坚定的教师专业信念和崇高的专业理想，主动维护教师专业的声誉”。可见，提高教师的专业自觉性，是促进教师专业发展的重要策略。

外在的支持和鼓励是教师专业发展的重要保障，它对教师的专业发展起着定向、指引、激励的作用，在教师的专业发展中扮演着不可或缺的角色。如今，国家愈发重视教师的专业发展，并给予了很多政策方面的支持，这无疑为教师的专业发展提供了强有力的后盾。与此同时，学校也应为教师的专业发展提供必要的支持，如营造良好的学习氛围、建立民主平等的评价机制等。

教师的专业自觉是教师专业发展的核心动力。教师的专业自觉要求教师在思想层面清楚地意识到提升自身专业水平的重要性和必要性，并在教育实践中不断反省自身，坚持学习，不断地自我更新、自我完善，积极、主动地寻求专业上的发展和突破。

（二）行业定位

世间行业万千，无论从事哪种行业，想要取得成就，都必须有明确的行业定位。而明确、合理的行业定位对教师而言更加重要。教师只有明确了自己的定位，才能在专业发展中牢牢扎根，汲取到丰富的营养，最终成长为参天大树。

教育改革的浪潮一浪高过一浪，教师传统的行业定位早已被颠覆。在“互联网+”的大环境下，互联网的多元、共享、开放等特征正深刻地改变着传统的教育理念和教育方式，新形势呼唤着教师更新教育观念、转变教学角色和教学行为，对自己进行明确的定位。

首先是教师教育观念的新定位。教师要一改以往“一桶水”的教育观念，树立终身学习的观念。如今，学生的求知欲强、知识面宽，教师“一桶水”的知识是无法满足学生的需求的。教师要树立终身学习的观念，不断更新自身的知识结构，开阔视野，潜心钻研，勇于探索，不断提升自己的专业素养。

其次是教学角色的新定位。当今教师的角色定位应是教育型的管理者、学生学习的指导者、学习者、研究者。一个好教师应该能正确地引导学生思考、学习，培养学生的创新精神和实践能力。在这个信息“爆炸”的时代，教师要先对学习资源进行筛选，再推送给学生。另外，教师还应该关心学生的心理健康，促进学生健康地发展。

最后是教学行为的新定位。教师要将封闭和狭窄的教学行为转变为开放、多元的教学行为；要更加注重学生学习能力的提高而非知识的掌握；要打破传统的“填鸭式”教学，激发学生学习的主体意识，使学生积极主动地参与到学习中；要因材施教，不搞“一刀切”，注重学生的个性发展。

（三）职业规划

教师的职业规划与教师的专业发展在某种程度上应该说是相对同化的过程。职业规划对教师的专业发展有着重要的意义。合理、科学的职业规划是对职业未来发展方向的指引，是增强教师自身竞争力的助推器，是教师专业发展的需要。

每一个教师都应该有短期和长期的职业规划，有了明确的规划，才能清楚自己在不同阶段的发展要求和方向。

随着素质教育的深入实施，行业对教师的要求越来越高，但是有不少教师不求上进，随波逐流，不愿意继续学习和进行研究，其中大部分原因是没有做好职业规划。那么，如何才能做好职业规划呢？

首先，全面剖析自我情况，包括剖析自身的性格特征、兴趣爱好、自身现状、职业价值观等。教师只有充分、客观地剖析自己，明晰自己的现状和所处的环境，明确自己未来的发展方向，才能充分发挥主观能动性，获得专业成长。

其次，深入分析职业环境、家庭环境以及社会环境等。

再次，明确定位职业角色，对自己的优势、劣势、机遇和挑战等加以综合评估，树立职业目标，确定发展路径。

最后，系统制订实施计划，该计划可以划分为短期计划、中期计划和长期计划，每一个阶段都要制订具体目标，并且写出主要行动。当然，制订的目标并不是一成不变的，在实施过程中可以根据自身的需要和实际的变化再进行修改和完善。

三、新时代教师专业发展的趋势

新时代召唤“新”教师，传统的“教书匠”显然已经不能适应时代的发展了。因此，越来越多的教师正在积极地向研究型教师、专家型教师和学者型教师进行转变，以谋求自身的专业发展。

（一）研究型教师

研究型教师是指在教学过程中，能以研究者的心态置身于教学情境中，以研究者的眼光审视和分析教学理论以及利用教学实践中遇到的各种问题，对自身行为进行反思，对出现的问题进行探究，对积累的经验进行总结的教师。在新时代下，知识来源的日渐多元化与教育教学方式的变更，使得以研究型教师作为教师的专业成长目标成为新的趋势。新的教师观要求教师积极向研究者角色转换，但事实上，教师被要求完成的课题研究和撰写的论文更多是与自己的工作成果鉴定、评职称、晋升的需要挂钩，反而与自身的专业发展渐行渐远。究其原因，是人们对研究型教师缺乏本质认识。

教师作为研究者，并不需要与专业的研究者一样埋首教育科研，出研究成果，也并不是只有可以改进教学现状、提高学生学习水平的研究才称得上有价值、有意义的研究。教师以研究者的身份自许，更多的是强调通过研究对实际问题有超越个人经验和感觉的理性思考。教师做研究，寻求的不仅是新的知识、理论、策略和技巧，更是思维上的创新，能围绕提出的研究问题对教学行为进行追问和反思，从而形成更加缜密、理性的思维。理性的思维能帮助教师更加理性地进入往后的教学活动，教师在具备深层次反思力的状态下可使教学活动摆脱经验的束缚。教育家李镇西说：“把难题当课题，是最真实也是最有价值的教育科研！教育科研不是做给谁看的，而是我们教育本身的需要，或者它就是教育本身。”因此，研究型教师的实现对教师的专业发展具有重要的意义。

（二）专家型教师

20世纪70年代后期，教育领域承认了认知心理学的研究方法后，专家型教师的说法正式诞生。专家是指对某一领域的问题有专门研究或发言资格的人。根据目前国内外的研究，一般认为专家型教师具备以下几种特征。

一是具有广博精深的专业知识。这里说的专业知识，不仅指丰富的学科专业知识，还指渊博的教育学、心理学等专业理论知识。更重要的是，专家型教师能将这些知识有效地运用于课堂教学之中。

二是具有敏锐的洞察力、超常的从教技能和教育机智。在实施教学的过程中，良好的教学效能感和教学监控能力使专家型教师不仅能将教学进行得行云流水般顺畅，还能根据学生的反应、教学情境的变化，灵活地对教学行为做出调整和改变，进而产生高质量的教学，真正达到“关注学生”的阶段。

三是具有较高的教学反思认知水平。专家型教师不仅善于借鉴他人优秀的教学经验，更能从自己的教学经验与他人的教学经验中不断反思和完善自己，并以此指导后面的教学行为，使自己更好、更快地成长。由此可知，专家型教师在教学情意、教学知识、教学技能、教学能力和教学谋略等方面，不仅具备“教”的能力，而且拥有“教”的智慧。

（三）学者型教师

学者型教师是教师专业发展不可忽视的新目标。学者，有广义与狭义之分。广义的“学者”，指具有一定学识水平，能在相关领域表达思想、提出见解的人；狭义的“学者”，指专门从事某种学术体系研究的人。

纵观诸多研究者的研究成果，我们不难发现，学者型教师具有其独有的“内涵”：“学”与“学者”的双管齐下。在终身教育与时代教育的影响下，终身学习能力是学者型教师最基本、最关键的能力。《论语》有言：“学而不厌，诲人不倦。”这句话蕴藏了很强的逻辑关系。师者，学而不厌，方能诲人不倦。教师不仅要关注“教”，更要关注自身的“学”，只有及时关注并学习最前沿的教育知识，才能成为既有良师本领又有学者品质的教师。

此外，学者型教师应凸显其人文学者精神。一名教师首先应成为一个具有创新精神和文化影响的人。在独立精神、崇高理想和远大追求的影响下，学者型教师每一次的研究动力都来自其对教育本质的探求。更少的“匠”气，更多的文化使命感，是学者型教师的另一显著特征。

百年大计，教育为本；教育大计，教师为本。教师的专业发展是一个常谈常新的话题，促进教师专业发展，是新课程改革的深切呼唤，是教师成长的实践担当，是实现终身教育与时代教育的重要举措。我们应该高度重视教师的专业发展，进而用教师的专业发展推动我国教育事业的发展。

目 录

CONTENTS

第一讲　张旭：传承与创新

第一节　前进：沉默是金

一、初入职场

1989年，张旭毕业于雷州师范专科学校（现为岭南师范学院），同年8月，他到廉江市石城中学（现为廉江市第五中学）任教。

当时的廉江市石城中学坐落于市郊，与市区中心的学校相比，可谓是天壤之别，一眼望去，没有高楼，看起来荒凉无比，不像是一所学校。学生和教师住的是平房，喝的是井水，脚下踩的是泥泞的小路，周边是农田，甚至在晚上还能听见虫鸣蛙叫。

张旭满怀希望地来到廉江市石城中学，当他看到眼前这般景象时不免有些失望，这与他憧憬的学校环境差之甚远。但是他没有怨天尤人，而是很快调整好心态，欣然接受了眼前的一切。“你无法改变环境，但你可以改变自己。”这句话就是张旭当时的真实写照。他乐观地把这看作组织给予他锻炼的好机会，虽然自己被分配在郊区学校，环境不好，但是相对于分配到偏远乡村的同学来说，自己已经算是幸运的了。张旭对未来充满了信心，他相信随着社会经济的发展，市区会不断扩大，学校环境也一定会有所改变。

刚走上工作岗位的张旭由学生角色转变为教师角色，既有喜也有忧。教育工作对他而言既充满了新鲜感又充满了挑战，血气方刚的他在满怀激情与活力的同时，内心也充满了忐忑，他担心自己没有多少教学经验，做不好教育工作。另外，对于自己的课学生喜不喜欢，教学方式学生满不满意等问题，也都还处于未知状态。

随着时间的推移、教学的深入，张旭对自己的工作由最初的忐忑不安逐渐转变为热爱。他爱上了这个三尺讲台，他享受站在讲台上的那种感觉，他渴望成为一名优秀的教师，希望能够很好地把知识传授给学生。由此，他的教育梦开始萌芽。

初入职场的新手教师通常会遇到一个挑战，那就是学生对新手教师都存有一种好奇的心理，而这种好奇的心理又使他们对新手教师持有一种怀疑和观望的态度。而对于新手教师张旭来说，如何与学生打交道，赢得学生的尊重与喜爱，获得学生的认可，就成了他首先要解决的难题。因为一名新手教师，如果刚开始与学生接触时所采用的沟通方法不当，将很难获得学生的认同，这不仅不利于他以后教学工作的开展，也会影响他作为教师的幸福感。

比如，在某节课上，年轻气盛的张旭就遇到了赤裸裸的挑战。那天，张旭在讲台上讲得很投入，一位姓肖的学生时而与同桌窃窃私语，时而与前后桌搞小动作，丝毫没有把他放在眼里。看到这一幕，张旭恼怒了，他大声喝止了这位学生，并让他到教室外罚站。原本掺杂着吵闹声的教室好像空气凝结了一样，顿时鸦雀无声。学生们都瞪大了眼睛去看肖同学，既有些惊讶又好像在看他的笑话。肖同学感到无比羞愧，面红耳赤地走出了教室。

放学后，张旭回到家里，一直在反复思考这件事。自己的处理方式正确吗？他在心里一次又一次地问自己。抱着这样的疑问他翻阅了相关书籍，才知道这是一种不恰当的处理方式。就算学生在课堂上捣乱，也应该用一种合理的方式来教育学生，帮助学生有所转变，那样才能更好地控制局面。但是那时候尚无多少经验的张旭一心只想着维护课堂纪律，没有考虑这么多。张旭认识到自己的这种处理方式欠妥，既伤害了学生的自尊，又剥夺了学生的受教育权。第二天，张旭面对全班学生，真诚地向肖同学道了歉。学生们又一次惊讶了——老师居然会向学生道歉？顿时，教室里响起了雷鸣般的掌声。教师能够意识到自己的错误，主动承认并道歉，就是一位好教师，是值得学生去尊重的。

张旭认为，做学生喜爱的教师，既要有“软实力”，也要有“硬实力”。“软实力”即做学生的朋友。苏联教育家赞科夫说：“没有教师对儿童的爱的阳光，学生就会混成模糊不清的一团。”张旭把爱作为一把打开学生心灵的钥匙，他关爱学生，放下教师的架子主动与学生沟通，了解学生的内心世界，从而增加了对学生的了解，也增进了彼此间的感情；他尊重学生，认真倾听学生的想法，对优等生和学困生一视同仁，从不厚此薄彼；他通过建立和谐的师生关系，将教育的影响渗透到了每一位学生的心田；他赞美学生，增强了学生的自信心，特别是对学困生，他用真诚的鼓励激发了他们学习的动力。“硬实力”即扎实的学科专业知识。“腹有诗书气自华”，张旭认为，自身是否具有才华，是学生能否接受他的一个关键点。法国著名教育家卢梭在《爱弥儿》中写道：“教育的艺术是使学生喜欢你所教的东西。”张旭很注重备课、上课，努力做到让学生喜欢上他的课，学生获得了进步，就会对他心生敬佩，自然而然就会认同他了。

二、领导能力展现

适应了学校的环境之后，张旭全身心投入工作。一方面，张旭务实的工作作风使他做事情认真勤快；另一方面，他把学生当作朋友，放下教师的“身份”，与学生打成一片，赢得了学生的信任。张旭当时所带的班级在班风上有了很大的转变，学生之间团结友爱，而且对于学校布置下来的任务几乎每次都完成得最快，完成的质量也最好，其他班级的班主任不禁投来敬佩的目光。

不久之后，张旭兼任了学校的团委书记。虽说教学、团委工作两边忙，但是张旭依旧充满了激情。当时学校的校长看到张旭教学有一招，管理有一套，就找他谈话，有意提拔他担任政教处主任一职。张旭想也没想便推辞了。校长没有想到张旭居然不为所动，就更认准了自己的想法，于是第二次找到了张旭，并苦口婆心地劝说张旭。张旭考虑再三，还是委婉拒绝了。

当时我既当班主任又当团委书记，与学生接触的机会很多，每天与他们打成一片，就好像亲人一样。我很享受这样的生活，也过得很开心，所以不想打破这种状态。校长让我当政教处主任，我担心成为一名行政人员，学生会对我存在敬畏心理，会导致我与学生之间的关系疏远，而我当时只想成为一名出色的教师，让自身的专业能力达到一个较高的水平，进而培养出优秀的学生。

张旭的再次拒绝让校长感到很意外。校长见“软”的不行，就只有来“硬”的了，他第三次找到张旭，这次他一改往日的和蔼，严肃地批评张旭不能为学校担当。校长的态度一强硬，张旭也不好再拒绝了。担任政教处主任一职后，张旭对这一职位的看法有所改变，并渐渐喜欢上了政教处主任一职。

我就任政教处主任一职后，发现与学生的接触已处于一个大的层面上了。石城中学的生源比较差，可以说学生的整体起点不高，学生的违纪违规现象很普遍。我经常跟这些学生打交道，尤其是跟爱调皮捣蛋的学生接触比较多。跟他们接触之后，我发现这些学生都不笨，反而很聪明，也很讲义气。摸清学生，特别是后进生的心理特点，用心去研究后进生的心理状态及转化后进生的策略，我感觉这样的工作让我身负重任的同时又有深刻的意义，所以我慢慢改变了以前对行政工作的那种排斥态度。

张旭的心态慢慢调整过来了。他的心里装着学生，正如德国哲学家雅斯贝尔斯所说："教育的本质意味着：一棵树摇动另一棵树，一朵云推动另一朵云，一个灵魂召唤另一个灵魂。"张旭向我们阐释的教育，正是用自身的灵魂去召唤另一个灵魂。

张旭在教育工作上领导能力的显现，得到了上级领导的关注。2002年7月，他当上了廉江市石城中学的校长。当时的廉江市石城中学教学管理混乱，教学质量不高，校园环境差，学生难以管理。张旭就是在那时众人都不看好的情况下接了这块"烫手山芋"。如何改变学校的现状呢？张旭自从担任校长后就一直在思考这个问题。

要改变就要有创新，张旭认为这一点很重要，他多方奔波，将廉江市石城中学改名为廉江市第五中学，之后开始了他改变学校的一系列行动。他从学校的实际情况出发，决定从两方面进行改变：一是改善校园的环境；二是改变教师的职业思想。但这是一个缓慢又艰难的过程。

张旭首先从美化学校环境开始进行改变，他提出了"绿色工程计划"的发展思路和打造"绿色五中"的办学理念。在张旭的努力下，学校用短短五年的时间就筹集了400多万元，建起了两幢教学楼、一幢学生宿舍楼，改建了食堂，配置了大量教学设备，使学校的面貌发生了翻天覆地的变化。同时，他通过种植花草树木，改善了办学环境；通过制订规章制度，明令禁止乱扔垃圾，改善了校园卫生。此外，张旭为了让家庭贫困的学生上得起学，成立了"春雨基金"，用来帮助家庭贫困的学生顺利完成学业。在学校管理上，他倡导"四个一"活动，即每月开展一次教学检查，每月组织一次学生座谈会，每学期组织一次教学公开周活动，每学期组织一次教学质量抽查活动。

张旭考虑到学校的生源质量较差，于是他把培养学生学习美术、舞蹈、音乐作为突破口，让学生能够在这些方面寻找到自己的特长，并进而发展他们的特长。从一个普普通通的高中学校变成一所具有艺术特色的学校，这是一个很大的转变。一开始，很多教师和家长都无法接受这样的转变，张旭便亲自给教师和家长做思想工作。在张旭的坚持下，学校转型后的第一年高考就取得了有史以来最好的成绩。

第二节　历练：脱颖而出

一、历练中成长

刚踏上工作岗位时，张旭并没有什么教学经验，也深知自己有许多不足，对自己的教学效果、教学技能和教学手法更是没有什么信心。每一节课下来，教学效果怎么样，他自己也无法评价。但他是一名具有高度责任感的教师，他不想敷衍学生，想尽全力为学生上好每一节课，所以他抓住每一次机会来提升自己的教学能力。

每当学校要上公开课时，张旭便毛遂自荐，争取去上公开课的机会，久而久之，他得到的锻炼机会也就多了。每一次公开课，张旭都会用心准备，常常备课到深夜。但并不是只要付出就一定会有理想的回报。上完公开课后，专家们的评价常常会让张旭“出丑”，但正是这样的“出丑”，让张旭明白了自己的优点与不足，让他能有针对性地改进自己的教学。

刚开始上公开课的时候，我担心上不好。上完公开课后，专家们会进行点评，每个专家讲一点，加起来就把我教学上各方面的不足都指出来了，我以后就会多加注意，并加以改正，很快我的教学能力就有所提高了。

课上得多了，张旭的经验也就多了，其他教师也夸他的课上得越来越好了。能得到其他教师的认可，张旭觉得很开心。

“出丑”出得多了，教学方面的改进也多了，张旭在同行中逐渐有了一些名气。但是，张旭并没有骄傲自满，而是抓住一切机会学习，并努力提升自己。他爱听讲座，他认为通过听讲座可以扩大知识面，深入教育领域，学习前沿知识，这也为他成为一名校长奠定了坚实的理论基础。在空闲时间，他还大量阅读教育经典著作，寻找教育规律和方法。此外，他喜欢外出交流学习，正所谓“读万卷书不如行万里路”，通过与其他教师的交流，他进一步丰富了自己的教学理论，提升了自己的教学技能。另外，学习交流时他往往会参观一些优秀学校，近距离的观察也能开阔他的视野，让他有所见，有所思，有所得。

愈加出众的张旭并没有因此而志得意满，停下前进的脚步，他很清楚，要想成为一名出色的教师，就必须不停地努力。那么，如何从出众走向出色呢？张旭清楚自身有一定的基础，关键是如何在现有的基础上提升自己、超越自己。而由出众到出色这个阶段往往充满着寂寞、孤独和压力，很多出众的教师会在这一关键阶段趋于安逸或产生骄傲自满的心理而止步不前。张旭非常清楚，自己要想往更高层次迈进就要有毅力和恒心，也需要有细致的规划以及远大的目标。

张旭的刻苦努力使得他的教学风格日渐成熟，专业知识越来越扎实，教学能力也得到了很大的提升。在张旭看来，一名优秀的教师需要具备德、能、品、知四个方面的素质。德即师德，优秀教师要有良好的师德；能即能力，优秀教师要有出色的教学能力和教学管理能力；品即品德，优秀教师要有良好的道德品质；知即知识，优秀教师要有扎实的专业知识。

成功蜕变成为出色教师的张旭对自身有着极高的要求，他要求自己不断改进教学方法，力求在教学形式上进行创新。第一，采用以学生为主、教师为辅的方法，在课堂上给予学生充分的主动权。第二，营造良好的环境，愉悦学生的身心。通过营造学生喜欢的、高效的学习环境，让学生体会到学习的快乐。第三，巧妙提问，创新思维。通过巧妙的提问，激发学生的求知欲，调动学生思维的积极性，培养学生的创新思维。第四，走出课堂，走进社会。语文源于生活。让语文回归生活，这是张旭提出的教学主张，也是对语文最好的诠释。

张旭不断创新、成绩显著，这使他在2004年顺利晋升为中学语文高级教师。

二、突破

经过多年的发展，张旭在语文界已经有了一定的名气。成为优秀教师的张旭工作更加繁忙了，各种考察活动、交流活动、讲学活动也比较多，但他一直没有脱离教师这个舞台。“交流越多，平台越广。”只要是有利于提升专业能力的活动，张旭都会积极参加，从不肯停下学习的脚步。

从新手教师到成熟教师再到优秀教师，张旭一步一个脚印地走了过来。新手教师由于尚无多少经验可言，在教学上有很大的不稳定性、不确定性，但也有很大的可塑性。从新手教师到成熟教师，张旭用了三年的时间。而从成熟教师到优秀教师，张旭用了十几年的时间，在这个阶段，张旭已基本形成了自己的教学风格。

怀着一个炙热的教育梦，然后去追求，这是张旭不断前进的动力。他知道，只有不断追求上进，不断学习，才能够使自己从优秀走向卓越。在平常生活中，很多人靠打牌、打游戏等来打发时间，但是张旭从来不参与这些娱乐活动。除了上课，他坚持每天锻炼一小时，写作一小时，阅读一小时。张旭说：“要想成为一名优秀的教师，就必须要有教育梦想，并且要充满激情。”一个人的未来，取决于他的学习力。学历再高，如果学习力不强，也是不行的。只有心力足，动力才强，魄力才大。正是由于不断学习，张旭于2016年晋升为中学正高级教师，2018年成为广东省名校长工作室主持人，2018年被评为广东省特级教师。

2008年7月，廉江市委、市政府任命张旭为廉江市第一中学（以下简称“廉江一中”）筹建办负责人。当时廉江市委组织部部长找到张旭，说市里准备筹办一所市直属完全中学——廉江一中，问他有没有意愿做筹办人。由于张旭没有任何思想准备，一时间竟不知怎么答复。那时的张旭已经是一位颇具名气的校长了，所在的学校也已进入了良好的运转状态，现在要离开一个稳定的环境，到荒山野岭中建设一所高标准的学校，无疑充满着巨大的风险。时间紧、任务重、责任大，所以，当他把这件事告知家人和朋友时，他们都不支持张旭做这件事。但是张旭深知，廉江市要想普及高中阶段教育，不新建学校是不可能实现这一目标的。经过三天的思考，张旭对筹办新学校有了清晰的思路，便答应了筹建廉江一中一事。

廉江市委、市政府宣布筹建廉江一中后的第二天，张旭就带着一位同事来到要建廉江一中的大塘岭，望着眼前这片荒山野岭说：“从明天开始，我们就在此安营扎寨了！”从此，张旭和同事们开展了征地、迁坟、规划、设计、立项和报建等一项项繁忙的工作。正所谓“万事开头难”，建设学校需要征用大塘岭的土地，但所征土地上有200多座坟墓。迁坟遭到了村民的极力反对和多次阻挠，有人甚至到张旭家里闹事、恐吓。张旭与他们“斗智斗勇”，最后啃下了这个“硬骨头”。为了使筹建工作顺利进行，白天，张旭挨家挨户找村民谈话；晚上，为了提高效率，他常常与设计师讨论到深夜。他全身心地投入到筹建工作中，困了，就在车上打个盹儿；饿了，就到附近的小卖部买块面包充饥；有时太累了，一回到家饭还没吃就已经睡着了……那是张旭最辛苦劳累的一段日子，如今回忆起来他仍会热泪盈眶，却也满怀欣慰。

历时短短8个月，10幢教学大楼拔地而起，一个崭新的校园终于屹立于廉江的土地上了。新建学校开学在即，张旭抓紧时间添置办公设备，四处奔走办理相关手续。但是，他还面临着一大难题——师资问题。对此，他采取了三项措施：第一项措施，请示廉江市教育局，获得人事权，可以从市里每所中学的每个学科中抽调至少三名教师来学校支教三年，三年后教师可自行决定去留，同时许诺他们的工资和福利与在原学校时的一样；第二项措施，面向乡镇中学招考教师，选择一批骨干教师来学校任教；第三项措施，面向应届毕业生招聘，挑选一些具有冲劲、干劲的新人加盟。师资问题解决了，还有生源问题，那么生源问题该怎样解决呢？由于廉江一中是一所刚刚建成的新学校，家长们都对它持怀疑的态度，都有意让自己的孩子报考其他重点学校。于是，张旭就带领着教师挨家挨户地介绍学校的情况，动员广大学生报考廉江一中。

2009年9月1日，廉江一中正式开学。这一天，张旭看到1000多名新生走进校园，心情无比激动。时任湛江市委书记陈耀光在考察廉江一中时赞扬道："廉江一中的建设速度和气派堪称湛江教育史上的典范。"

成功是奋斗出来的，如果你不是靠自己脚踏实地地去做，就不可能有现在的成就。而教育也一样，既要仰望星空，又要脚踏实地地去干，这样才会出成绩。教师心中要有教育梦，有了教育梦，就要去追求，要投入去干。只有脚踏实地，才会一步一步地成长，才会一天一天地进步。

2012年，廉江一中的首届中考、高考喜获佳绩。全市初中升高中的前100名考生中，廉江一中占了63名；首届高考本科上线584人，在当年湛江市高考成绩综合评价中，廉江一中居湛江市中学第一名；首届高三毕业生黄春令以总分653分的成绩居廉江市文科第一名、湛江市文科第三名。

2014年，张旭到北京大学教育家型校长高级研修班学习。在班上他介绍了廉江一中的办学理念，学习一结束，有一名校长就找到张旭想要了解廉江的教育情况，因为他有意在廉江筹建一所新学校。于是，张旭带着这名校长到廉江进行了考察，经过充分的了解后，这名校长决定新学校由张旭来负责筹建并担任校长。张旭觉得这是一件有益于廉江教育的事，便答应了。有了筹建廉江一中的经验，这次张旭筹建新学校就顺利了很多。很快，新学校在春节期间建设完成，并取名为“廉江市实验学校”。此时的张旭是廉江一中兼廉江市实验学校的校长，待廉江市实验学校完全走上正轨后，同年9月他辞去了新学校的校长一职，回到廉江一中一心一意地工作。

从普通教师到成熟教师，再到优秀教师，最后到名校长，张旭把教育当作造福人民千秋万代的事业，并且成了廉江教育的推动者和建设者。

第三节　引领：独树一帜

一、投入科研

29年的职业生涯，让张旭拥有了丰富的教学经验与管理经验。他喜欢在实践中反思，同时又善于在反思中总结经验。近几年，张旭陆续出版了《读〈论语〉学做人：让青少年受益一生的儒学智慧》《学校高效管理的创新力》《教师必备的课堂掌控艺术》等著作。其中，《读〈论语〉学做人：让青少年受益一生的儒学智慧》产生了较大的影响。

当时的廉江一中作为一所新学校，没有任何的历史文化沉淀，也没有任何的成功经验可以借鉴，那么，需要拿什么作为德育的载体呢？张旭深刻地意识到学习成绩仅代表学生成长的一部分，立德树人、培养学生健全的人格才是教育的根本目的和出发点。张旭决定从优秀传统文化中寻找灵感，这就成了撰写《读〈论语〉学做人：让青少年受益一生的儒学智慧》的缘起。

《论语》是我国春秋时期的一部语录体文集，主要记载了孔子及其弟子的言行，它较为集中地反映了孔子的思想，是由孔子的弟子及再传弟子编纂而成的。《论语》博大精深，是中国古代思想的一大精粹，值得人们学习。张旭借助《论语》的思想精髓，以“诵经尊孔学做人，知书达礼成大业”作为目标，结合教育实践，写就了《读〈论语〉学做人：让青少年受益一生的儒学智慧》。

在编写校本教材方面，张旭也付出了很大的心血。张旭以生为本，着重培养学生良好的思想品德。《让心灵永远阳光——心理健康教育读本》《读经典　明智慧——廉江市第一中学“仁德教育”读本》《廉江市第一中学文明礼仪手册》等校本教材，较好地体现了他的这种观点。

张旭主持了多项省级课题，如广东省“十三五”规划重点课题“‘仁德教育’：现代化视域下教育理念的范式变革”，广东省“十二五”规划一般课题“德育创新与特色发展校本研究”“亲子关系对中学生学习动机的影响及其对策研究”等，较好地实现了以研究促进教学，以教学促进研究的目的。

英国教育家斯滕豪斯认为“教师即研究者”，张旭不管是作为教师，还是作为校长，都较好地践行着这一观点，他喜欢带着问题去学习，对遇到的教育问题会进行深入的思考，并且会不断总结经验，促使自己进步。

张旭认为，进行科学研究是成为优秀教师的根本途径。教学本身就是不断进行总结和探索的过程，教师如果不善于进行探索、研究和总结，即使优秀也只是表面现象。张旭也总是善于从艰辛的探索中获取无穷的快乐，他认为，如果想让教师的劳动给教师带来乐趣，使天天上课不至于变成一种单调乏味的责任，就应当引导每一位教师走上从事研究的这条幸福道路上来。

二、从湛江走向广东

廉江一中是按照高标准如期竣工的，但是张旭知道，建好一所学校仅是基础，打造学校的特色才是关键。张旭集思广益，提出了办学思路：以儒家传统文化为依托，以论语广场为平台，以儒家经典文本为载体，打造学校的特色品牌。

廉江一中的论语广场，是以《论语》为主题的大型广场，也是廉江市中小学品德教育基地，目的是“弘扬传统文化，传承国学经典”，让学生明白“诵经尊孔学做人，知书达礼成大业”的道理。

廉江一中致力于弘扬“仁、义、礼、智、信”的道德伦理和“温、良、恭、俭、让”的为人处世品德，并将之渗透于每一位学生的心灵——

“一中四节”：春季读书节，夏季感恩节，秋季敬师节，冬季科技文化艺术节。春季读书节：全体师生在每周一升旗仪式结束后，齐声朗读《弟子规》，利用午读、文化周朗读《论语》《弟子规》等。夏季感恩节：每月各个班级利用一节班会课，通过教学媒体播放《感恩》《天下父母》《母慈子孝》《让生命充满爱》等视频，让学生学会感恩，心怀感恩。秋季敬师节：每年的9月28日是廉江一中一年一度的敬师节，意在让学生树立尊敬“人类灵魂工程师”的意识。冬季科技文化艺术节：开展科技制作比赛、机器人大赛、航模飞行表演等各种科技比赛，培养学生的创造力与实践能力。廉江一中也因此被指定为“广东省航空航天科普教育定点学校”。

“三拜”“三读”“三多”“三无”良好习惯的培养：“三拜”即拜孔子学礼仪、拜孔子学做人、拜孔子学读书；“三读”即熟读一百句经典名言、背读一百首经典古诗、精读一百篇经典古文；“三多”即多微笑、多问好、多行礼；“三无”即内务无杂乱、餐桌无剩饭、地面无垃圾。

“一个核心”“两条主线”“三个原则”“四大元素”“五大步骤”。“一个核心”为立德树人。“两条主线”分别为以学生为主体，以教师为主导。“三个原则”分别为精导、精讲和精练：精导即引导学生要精准，切忌误导学生；精讲即教师不能多讲，上课不能啰唆，教学应该抓住重点来讲授；精练即不能盲目地练，要有目的、有针对性地进行训练。“四大元素”分别为慈、爱、和、美：慈即慈善，教师对学生的态度要温和，要以一种慈祥友善的态度去教书育人；爱即爱心，教师心中必须有爱，需要时时刻刻对学生体现出爱，学生也要爱教师，爱在教育中是很关键的，没有爱就没有教育；和即和谐，教育要和风细雨，师生要和谐相处，构建一种良好的师生关系，才有利于学生的成长，有利于教师的知识传授；美即美感，整个教育体系构成一种美感，让学生感到学习是一种享受，跟教师相处也是一种享受。“五大步骤”即课前预习、课堂反馈、合作探究、当堂训练、拓展提升。

经过多年的发展，又几经提炼，张旭把上述内容概括为“仁德课堂”，并将之作为教学模式加以实践，以更好地“争一流、创特色、办名校、育英才”。

2018年5月16日，广东省名校长工作室张旭工作室在廉江一中挂牌成立，成为廉江市首个省名校长工作室。

如今，张旭回忆起当时的场景仍然按捺不住心中的激动，脸上浮现出自豪的神情。兴奋之余，张旭也感到工作室肩负的责任重大：一方面，工作室肩负着培养优秀校长的重任；另一方面，工作室要起引领、示范和辐射的作用。无论哪一方面，都必须全力以赴。

成为广东省名校长工作室主持人，是我和廉江一中的荣耀，是一份光荣的使命，更是一份沉甸甸的责任。我能够成为省名校长工作室主持人，是廉江市委、市政府和各级教育部门领导关怀培养的结果，也是各位专家关心、支持、指导的结果。我一定倍加珍惜这项荣誉，一定牢牢把握这个难得的锻炼机会，砥砺前行，不负众望，力争以最大的努力做出最好的成绩。

不久，张旭主持的“‘仁德教育’：现代化视域下教育理念的范式变革”获得了广东省教育科学“十三五”规划2017年度重点课题立项，其探索的以“仁德教育”为总体目标的校本教育范式研究包括“仁师”研究、“仁生”研究、“仁教”研究和“仁学”研究四个方面，并获得了阶段性成果。

如今的张旭正处于事业的巅峰期，他既是中学正高级教师，也是广东省特级教师，又是省名校长工作室主持人，他深感责任重大，使命光荣，决心带领廉江一中全体师生继续开拓创新，深化教学改革，用辛勤的汗水续写新的篇章。

以教育的情怀办有情怀的教育，是张旭一生的理想；以教育情成就教育梦，是张旭一生的追求。如果说教育是把一棵棵树苗培植成参天大树，那么张旭就是这些树苗的守护人，他为树苗浇水、施肥、除草、除虫，直到它们长成参天大树，成为能够撑起一片天的栋梁之材。

第二讲　郑建忠：进阶与超越

第一节　磨砺中成长

汪国真说："既然选择了远方，便只顾风雨兼程。"即把磨砺当成成长路上的伙伴，方能走得长远；如果在半路经受不住磨难、抵挡不住诱惑，就会迷失原本的方向，从而难以达成目标。而"宝剑锋从磨砺出，梅花香自苦寒来"这句诗就贴切地形容了郑建忠初为人师时的成长之路。他在专业成长的过程中不断磨砺自己，深切地体会到了教师在教学过程中所需具备的知识、技能和经验的重要性。他经受住了磨砺，收获了很多，也保持住了自己的教育初心。

那么，郑建忠在成为新手教师的时候，对教师这份职业的理解以及对自身的定位是怎样的呢？

我认为，教师是一份特殊的职业，直接担负着让下一代健康成长的历史重任。因此，师德比其他职业道德更具典范性。高尚的职业道德和良好的职业素养是每个教师必备的条件，这是时代的要求，也是教师不断进取、赢得成功的力量所在。教师的职业是神圣的，因为它不仅仅是教书，还要育人，即在教授学生们书本知识的同时，还要教会学生们做人的道理；同时教师也是一个永远年轻的职业，因为每天和朝气蓬勃的学生们在一起，心情总是愉快的。于是，我选择成为一名教师，一名可以和学生们共同成长的教师。

教师的自我定位是每一位教师都必须认真思考的问题，只有找准自己的定位，才能清楚自己需要的是什么，追求的是什么，才能让自己在往后的教学生涯中走得从容自信，并逐渐形成自己的教学风格。刚成为一名语文教师时，我对自身的定位是做一个纯粹的语文人，让语文教学既姓“语”又姓“文”。固守本真，从中发现语文的魅力、语文的内涵、语文的情和语文的美。从教30多年，我依然初心未改。

为什么要当教师？这是每位教师都应该认真思考的问题，有的人或许是冲着当教师的“轻松”，有的人或许是看中当教师的使命。郑建忠刚开始选择当教师的时候，从没想过这份职业日后会给他带来诸多荣誉，而想得更多的是志趣。但真正成为一名教师之后，对教师职业的使命感、责任感和敬畏感日渐强烈，这促使他想要教给学生更多的东西。于是，怎样传授给学生更多的东西，怎样传授才会有更好的效果，成为他迫切需要解决的问题。教师这个职业没有一般人想象的那么轻松，它跟其他职业一样，都是在平凡的岗位上做好每一件平凡的小事，然后去生活、去成长、去收获。

初出茅庐的年轻教师大都会遇到许多以前不曾遇到过甚至不曾想到过的问题，郑建忠也是如此，而难能可贵的是，他在面对这些问题时采取了积极的态度。那时候的他，感觉自己遇到的所有问题都是新鲜的，他选择用学习的姿态去处理这些问题，同时在解决问题的过程中不断改进、不断成长。

对于如何把握教学重点，如何确定教学目标，如何取舍教学内容，如何灵活驾驭课堂等方面，郑建忠在刚踏上教坛时感到十分困难。他当时有三种解决方法：一是向有经验的教师请教，多与他们交流，不懂就问；二是研究教学大纲，熟悉课程内容；三是多听课，多反思，对症下药，及时改正不足。

在班级管理方面，郑建忠最初也没有处理好与学生之间的亲疏关系。他想：严会使师生疏离，松会使纪律松散，讲规矩，学生又会觉得教师无情。在严与松的拿捏上，他不知如何把握尺度，所以，与学生的关系有时会比较紧张。这样的情况时有发生，让他感到沮丧，但他时刻提醒自己要在实践中不断反思、不断改善。后来他对这些问题的处理渐渐上手了，偶尔有一些问题他自己无法处理，就去请教有经验的班主任，向他们取“经”，然后结合自己的情况改进再加以运用。

郑建忠是如何磨砺自己的呢？他强调要切切实实把磨砺融进自己的专业成长中，他最期待的工作状态是每天除了备课和批改作业外，还能坚持撰写一点教育反思或者思考一些教学问题。他觉得自己在语文教学方面存在许多不足，需要沉淀下来，好好钻研教学。

现实中我们会碰到一些这样的教师，他们每天的工作很简单，课前看看教材，上网下载课件，上课照着教材和课件念，下了课把教材放一边就下班了。教师照本宣科式地教学，学生死记硬背式地学习，这样的课堂是枯燥无味的。我认为在这种教学方式中，教师就像是“复读机”，完全没有发挥教师的主导性，这既不利于学生的发展，也不利于教师的成长。

在成为成熟的教师以前，郑建忠曾经一天听四节同课异构课。他要求自己把每次听课都当成有目标的教学研究。首先，厘清所授课文的教学内容、教学目标等，形成自己的想法。其次，观察授课教师教学目标的设置、重难点的把握、教学组织的实施以及学生掌握的程度等。最后，整理这堂课的优点与不足，以扬长补短，自我内化。

由此我们可以看出，郑建忠对待教育非常用心，特别重视教师的专业化。何谓教师专业化呢？教师专业化就是指教师在整个职业生涯中，通过专门的训练和终身学习，逐步习得教育专业的知识与技能，并在教育专业实践中不断提高自身的从教素质，从而成为教育专业工作者的专业成长过程。它包含双层意义：既指教师个体通过职前培养，从一名新手逐渐成长为具备专业知识、专业技能和专业态度的成熟教师及其可持续的专业发展过程，也指教师职业整体从非专业职业、准专业职业向专业性质职业进步的过程。

郑建忠认为教师的专业化成长必须抓住三个关键：学科知识、专业技能和职业态度。学科知识是教学的条件，专业技能是教学的基本，职业态度是教学的保障。这些都是教师做好教学工作的重要因素，也是新手教师与成熟教师之间的区别点。

为什么学科知识、专业技能和职业态度是做好教学工作的关键，郑建忠给我们讲了这样一个例子。

有一位刚参加工作的教师接手了一个"问题班级"，这个班的学生是出了名的调皮捣蛋。学生知道他是新来的年轻教师，就更不把他放在眼里了。上课第一天，这位年轻教师就发现自己管不住这帮学生。他走在校园里左思右想：怎样才能让学生听我的话呢？一名退休老教师看到了他，并了解了他遇到的难题之后拍拍他的肩膀问道："你在读书期间有没有特别敬仰的教育家？"他回答："有啊！古有孔子、孟子，今有陶行知、陈鹤琴等人，他们都是令人敬仰的教育家。"退休老教师又问："那你为什么会敬仰他们呢？"他说："当然是因为他们渊博的学识和高尚的人格，以及他们独特的教书育人的观点。"退休老教师拍拍他的肩膀，笑了笑，转身走时说了一句："这就对了。"这位年轻教师看着退休老教师的背影愣了一下，然后恍然大悟。退休老教师的意思是让他用为人师者的个人魅力去征服学生。从那天起，这位年轻教师将全部身心投在备课、上课、与学生的沟通上。他千方百计地找机会与学生进行深入的交谈，以了解学生的现有水平和需求，然后再设计适合学生的教学。渐渐地，学生被他亲和待人的态度以及生动有趣的课堂吸引了，慢慢从心底接受了他。

以上的故事说明，一位教师要想得到学生的认同和尊重，就要做到三点：第一，要具备一定的专业能力，这是取得学生信任的基础；第二，不能戴着“有色眼镜”看待学生，对学生要一视同仁；第三，要与学生平等相处，与学生保持亦师亦友的关系。

专业素养单靠听名师讲几句话就能培养出来吗？当然不是。教师专业化是长期教学实践的结果，是职业系统训练的结果，而并非理论知识的生搬硬套。郑建忠的成长经验告诉我们，新手教师要顺利成长，需要做到以下三点。第一，独立自主备课。一定要有自己的教学思路，要自己吃透教材，明白要讲什么，该怎么讲。第二，多听课，多上公开课。这样，一是可以借鉴他人的长处，二是可以听取他人的评课意见，以修正自己的不足。第三，撰写教学反思。这一点特别重要，只有不断反思，并且长期坚持，才能看到效果。

一些新手教师安于自己已是入编教师，缺乏挑战困难的勇气，窝在自己的舒适圈里不想接受磨砺，结果教学能力和专业水平无法快速获得提升。而郑建忠一有时间就钻研教材、听名师讲课、写教学反思，努力提升自己的专业水平。正是在一步一步的探索和一次一次的磨砺中，郑建忠渐渐地有了对教师生涯的展望。第一，做一名仁爱者。真诚地对待学生，拉近与学生之间的距离，用心做好教学工作。第二，做一名追求者。对教育事业要热爱和有追求，并努力为之做出一份贡献。第三，做一名思想者。有思想，才会思考，才会叩问，才会改变；有思想，才会对教育中的现象和问题进行探索研究；有思想，才会有作为，才会有天地，才会有进步。

第二节　厚积可薄发

在成长为一名成熟的教师后，郑建忠并不认为自己就可以止步于此了。在这一阶段，他对自己的要求是不断扩展专业知识，继续提升专业水平，努力拓展理论深度，将自己的教学经验上升到教学理论的高度。他这样的想法在普遍存在的“拿教材上课，放教材下班”的情形下实在是难能可贵。拥有这样的想法，一是源于郑建忠对教师这一职业的喜爱，他不断提升自己，完善自己，追求更高的目标，以求获得更好的发展，给学生更好的教育；二是随着社会、经济和文化的不断发展，社会对教师的要求会不断提高，只有不断进行自我能力的提升，才能长久立足于教师这个岗位，才能干好教师这一职业。

为了达到对自我的要求，郑建忠为自己规划了发展的途径：第一，备课时，不再像以前那样照搬照抄，依葫芦画瓢，而是注重教学创新，在教学设计上融入自己的想法，体现自己的个性，以进一步提升自己的教学能力；第二，广泛收集教学资料，进行归类整理，尝试从中发现新的知识，并加以吸收和运用，以进一步提高自己的教学质量。

郑建忠非常重视教学实践，他认为这是教师认识自己的不足和快速提升教学能力的最好路径。2000年，他参加了学校的优质课比赛并取得了优异的成绩，这可以说是他在教学之路上走向成熟的标志。面对新的挑战，他在感到压力大的同时也非常重视这样的成长机会。比赛前的选课、备课、磨课，无比艰辛，但也正是这样的过程，使他更加强烈地认识到教学是一门艺术。教学不是僵化的、单调的，而是活泼的、灵动的，它需要技巧，需要内涵，需要创新。这次比赛让郑建忠收获颇丰，而这一收获不仅源自他自身的努力，也得益于科组的帮助。在比赛期间，经验丰富的前辈的指点、善良热心的同伴的提议，都让他获益匪浅。也正是这次比赛，让郑建忠认识到了团结的力量和团队合作的重要性。优秀的团队可以让新手加快成长，获得发展，这也是他走上学校管理岗位后不遗余力提携后辈的原因之一。

郑建忠认为在从青涩走向成熟的过程中，除了教学技能的提升，他最大的收获是心态和思想的转变。起初，在面临各种工作压力时，他的心态比较浮躁，容易把一些负面情绪带到工作中。但慢慢地，他在工作中学会了调节自己的情绪，即使工作压力再大，烦琐的事情再多，他也能坦然接受和面对，努力把一件一件事情处理好。

郑建忠长期活跃于语文教育第一线，关注着语文教育改革以及教师的专业发展。在如今很多教师不愿意进行新的尝试的情况下，郑建忠打破了“经验教学”的束缚，不断进行教育改革。

无论是科学技术的发展变化，还是社会文化领域的不断发展，一个非常清晰的事实告诉我，我和我的学生将继续生活在一个快速发展变化的社会里。作为教育工作者，我们是学生的重要效仿对象。如果我们沉溺于经验，认为自己已经对教学非常熟悉了，不需要学习和改变了，那么，我们所提供的教育教学知识不仅无法满足学生面向未来发展的需要，也无法向学生传递面对快速发展的未来所应该具备的精神和心理动力。因此，打破经验的束缚，打破所谓的舒适圈，不断尝试创新，既可以促进教师的自我发展，同时也能促进学生的发展。

“百年大计，教育为本；教育发展，教研为先。”教研和教学始终是学校工作最主要的两个方面。教研是推进教改、改善教学的重要力量。教学是知识、技能的传授，而教研是对这一传授活动的分析与研究，目的是改进不良现状，提升教学质量。可以说，教研是解决教学中的困惑或问题的重要手段，是对教学内容、教学方式等的创新，是教学活动的反思与升华。

多年的教学经验积累以及深入的研究思考，使郑建忠在教育上迎来了新突破——“生活语文”教学理念的形成。“生活语文”是郑建忠在几年前提出并运用于语文教学实践的，既传承了叶圣陶先生“生活即语文”的精神，又有了自己新的思考。随着新课程改革的深入发展，中学语文教学已经取得了大量成果，但仍然普遍存在着语文和生活相分离的现象——语文不知生活，生活不理语文。要想增强语文课与生活的融合性，就应该让语文课堂充满生活味，让语文课堂贴近生活，让学生在享受语文的同时享受生活。郑建忠秉持着这一教学理念，从语文本真的角度，研究和打造生活化的语文课堂，以奠定育人的基础，激发中学语文的教育灵性。

在正式提出“生活语文”教学理念之前，郑建忠在语文教学中就已凸显出生活化这一特点了。比如，坚持让学生做5分钟的课前演讲，演讲主题是社会热点问题，让学生在演讲中做到关注社会、关注人生；鼓励学生在写作中联系实际，引导学生观察社会，思考人生；让学生评论当年的足球世界杯，从足球赛联想到团队协作精神，联想到国家对足球等体育文化事业的重视等现实问题。通过这些教学措施，学生对社会的感知变得敏锐，人文素质得到提高，学习语文的兴趣得到提高，“生活语文”的教学理念也得以体现。

郑建忠能从教学中开展教研，并从中获得创新发展，原因有四个。第一，坚持不懈。不管在教研过程中遇到怎样的困难和挫折，他都咬牙坚持，并以乐观的态度去逐个解决。第二，有丰富的实践经验。经过多年的一线教学，他积累了丰富的教学经验，这是教学理念形成的基础。第三，积累理论知识。若想更好地进行教学，就要有理论指导，在教学之余，他通过多种渠道提高自己的理论深度。第四，善于反思总结。在经过一段时间的教学实践后，他善于从多个方面进行反思总结，有针对性地改善教学实践，并根据总结提出下一阶段的任务。

经过长期的实践研究，郑建忠就“生活语文”在教学中的运用提出了以下几个路径。

一是坚持以人为本的教育理念。只有在理解和关怀的基础上，才有可能和学生进行平等的对话，才能在潜移默化中感染学生，引导学生在学习语文的过程中发现自我、发展自我、陶冶灵魂、完善人格。

二是创设贴切的生活情境。语文教学是基于情境的一种活动，情境是生活的影子。

三是搭建体验生活的宽广舞台。只有提供宽广的教学舞台，为师生的教学活动提供强有力的依托，学生才有可能感受到活跃的气氛，在多样的演绎过程中，尽情体验文本情境，将抽象的文字变换成课文所描绘的生活画面，愉快地、创造性地解读文本内容，真切地体会语言文字所表达的情感，感受学语文的乐趣。

四是在阅读教学中“读出自己”。教学中提倡“读出自己”，目的是拉近学生心灵和文本之间的距离，使学生在学习的时候能根据自己已有的知识储备和生活经验，对新知识进行重组和整合，进而把知识内化。因此，“读出自己”是一种自我总结，是自我教育的开端，是面对自己良心的自白。

五是在写作教学中“我手写我心”。在“生活语文”教学中，学生是生活的主体，也是写作的主体。教师应让学生主动融入生活，进行细致的观察，获得自己对生活的感悟，将自己的真实情感反映在作文中，在作文中表达自我，展现自我。叶圣陶先生指出，写作原料源于生活，是写作者生活的积蓄，具体包括经验、知识、思想、情感和语言等诸多方面的积蓄。

郑建忠的“我手写我心”即是对这一理论的实践。

上述“生活语文”的路径，在语文教学中不是截然分开的，而是相辅相成的。郑建忠认为，就语文教学而言，“坚持以人为本的教学理念”是选准始发点，“创设贴切的生活情境”是点击兴奋点，“搭建体验生活的宽广舞台”是掌握生成点，“在阅读教学中‘读出自己’”是挖掘特色点，“在写作教学中‘我手写我心’”是形成创新点。

郑建忠通过教研体悟到了语文教育的真谛，这使他更加坚信教研给教师带来的成长是巨大的，每一位教师都应该积极参与教研。他经常将“好教育用心做”这句话挂在嘴边并付诸实践，并时刻提醒自己和身边的教师们对待教育要用心。这份用心不仅要放在教学上，还要放在坚持教研上。

经研究发现，教师开展教研需要具备几个品质：对教育怀有热情、善于观察发现、善于分析思考。此外，还需具备几个条件：一是选择合适的教研课题；二是有外在的环境压力和内在的自我需求；三是有学校领导的支持和鼓励，在教师遇到困难、挫折的时候，领导不能放任教师陷入低迷的状态，而是要给予教师适当的帮助，引导教师走出低谷，重拾信心，迎难而上。

2017年，郑建忠晋升为中学正高级教师，这意味着他无论是在师德方面还是在专业方面，都达到了一个新的高度。这一成长一方面来自外在环境的压力和要求，另一方面来自其个人发展的需要和内心的迫切追求。这两方面是相辅相成、相互促进和转化的。

近几年，郑建忠在不断探索、总结、反思的基础上逐渐形成了自己的教学理念和教学风格，并撰写了数十篇教学论文，出版了三本专著，主持了多项省、市课题研究，在专业发展的道路上越走越远。

2013年，郑建忠出版了第一本著作《春天里忙春天的事：鼓舞与唤醒的德育教育艺术》。这本书旨在把心育作为教育的手段，以智慧规划教育，这是他多年来德育实践的结果，涉及爱国、爱校、责任、诚信、生命、环保、感恩、社会、友谊、意志、安全、学法、艺术、管理、礼仪等诸多方面。郑建忠满怀热情与希望，与学生进行心灵之间的平等对话，以唤醒他们内心对美好事物的追求，坚持美好的信念，意在对成长中的学生进行有意义的引导和指导。

2017年，郑建忠出版了第二本著作《听那花开的声音》。这本书是他对学校管理、教师发展、学生德育、家庭教育等方面进行探索与总结的结晶，是对学生个人品质提升方法的思考，对青春校园的诠释，对生命安全的关注，对家校合力的重视，对有效德育的赞美。

2018年，郑建忠出版了第三本著作《让经典滋养人生：名著导读教学策略（中学）》。这本书从“名著导读策略”“名著导读法实施流程”“实施价值”“案例分析”四大方面进行阐述，既有宏观的导读着眼点和关注角度，又有具体的导读方法和案例呈现，厘清了名著导读的教学价值，探索了名著导读需要的方法和策略，呈现了解决问题的具体做法，为广大一线语文教师提供了典型的教学样例。

这三本书是郑建忠多年来教学实践的结晶，是他对自己的期许和交代，更是他漫漫成长路上的见证和标志。

社会的快速发展既要求教师要不断地学习与进步，也给予了教师成长的良机。针对教师的各种培训看似枯燥，其实对有心者而言，里面可学的东西有很多，而且，理论的高度结合实践的深度正是教育智慧的合成。作为个人来讲，每个人都有自我发展的需要，在外界的压力下，这种需要会更迫切，自我发展的速度也会更快。为了顺应当前教育的发展趋势，郑建忠在教学实践中做出了主动的尝试和长期的努力，并常常反思与总结，使之形成行之有效的做法。为了更有成效地工作，郑建忠不断查阅文献，不断考察学习，使自己不滞留于以往的知识水平，不囿于成见，不僵化呆板，力求做一个永远对教育充满激情的教师。

对郑建忠而言，教师这个职业本身就有一种崇高感，这让他获得了积极的生活状态、丰富的精神世界和桃李满天下的成就感。这种感觉在他晋升中学正高级教师和评上省名校长、特级教师以后，并没有减弱，反而更加强烈了。头衔是一种实现自我价值与社会价值有机统一的形式，是衡量专业技术、学识业务的一把尺子，是以“重师德、看实绩”为评定机制的社会对个人的肯定，它不是终点，而是新的起点。

第三节　教研促教育

现在有不少教师凭借着丰富的教学经验把课堂教学搞得风生水起。但是，凭经验只能解决一些小问题，并不能解决根本问题。也就是说，这些“经验教学者”能力所及的，往往是扬汤止沸，治标不治本。为什么会这样呢？我们来分析一下。

以语文阅读教学为例，有经验的语文教师都知道论述类文本阅读常设的“陷阱”有哪些、学生难以掌握的是哪几点、解题技巧有哪些等，但这正是应试教学的弊端——教学生如何拿分。这样就剥夺了学生自主学习的机会，不利于发展学生的思维和提高学生解决问题的能力。经验型教师所教的解题技巧确实会让学生的分数有所提高，但若想真正提高学生的阅读理解能力，单凭那几个技巧是远远不够的。

因此，教师要想培养学生的阅读能力，就要让学生在理解文本的基础上感受人物的形象，品味作者的语言表达，领悟作品的丰富内涵，从而形成自己的情感体验和思考，这才是语文阅读理解的应然。而要达到这样的教学效果，教师仅靠教学经验是不够的，还要进行深入的研究，从大量的表层现象中获得深刻的内涵，透过经验探寻规律。

想让教师在教研中自我提升，就要给教师搭建平台，重视教研活动，用制度规范教研，营造教研氛围，提高教师开展教研的积极性。

广东省郑建忠名师工作室就是一个促进教师开展教研的良好平台。

郑建忠名师工作室成立于2015年，于2017年初进入广东省网络教育资源公共服务平台。在短短一年多的时间里，已有288名成员加入，浏览量将近28万，在全省有着很高的关注度和较大的影响力。

郑建忠很好地发挥了名师工作室的引领作用，他建立教师培养档案，开展“名著导读”等省、市级多项课题研究，进行课例研究和同课异构等活动，同时出版校级教学教参刊物、学术专著，致力于培养一大批优秀教师，扩大品牌效应，向教研高地迈进。

作为名师工作室的主持人，郑建忠明确了自己的责任：通过整合教师资源，发挥骨干教师自身专业的引领作用，力争让工作室成为名师的摇篮、教研的基地、交流的平台和辐射的中心。郑建忠也很清晰地将自己定位为一名引路人，并对自己树立了明确的目标：带好一个团队，以团队引领学科教师的共同发展；抓好一个专题，在实践中探寻教改的新思路、新方法；做好一次展示，形成名优群体效应，实现优质教育资源的共享；拿出一批成果，将精品的教学课堂案例、学术著作、论文、课题报告等进行展示和汇报。

在指导教师教研的过程中，郑建忠提倡教师要多了解、多放手、多指导，学生要多反思、多交流、多实践。教师如果面面俱到，学生一遇到困难就马上伸出援手，那么学生是该庆幸还是该难过呢？当然是后者！因为他们错失了在学习过程中弥足珍贵的历练。郑建忠深知这一点，所以在教研的过程中，他本着多一点指导，多一点了解，经常聚焦课堂教学，征集教研课题，引导教师解决遇到的教学问题和困惑，让每个人都多反思、多互补、多交流、多实践，以形成良好的教研风气，创建良好的教研环境。

几年来，郑建忠名师工作室成员赵青秀老师和谭晓明老师获得的成功是对他们一直以来扎实教研最好的肯定。2017年3月，赵青秀老师在“湛江市中考语文备考研讨会”上所执教的作文教学示范课“写好结尾　锦上添花”获得了同行的一致好评；同年10月，赵青秀老师在“湛江市首届中小学青年教师教学能力大赛”中又获得了初中组总决赛一等奖。谭晓明老师也在语文科组十年如一日的系统培养下，经过不断学习与锻炼，在团队的支持与帮助下，于2016年12月参加“2016年广东省初中语文名著导读教学优秀课例观摩活动”并荣获一等奖，2018年在“第七届全国初中语文教师教学基本功展评暨教学观摩研讨会”上获现场授课一等奖、最佳板书奖。

郑建忠主张“好教育，用心做”，这个“用心”也体现在课程的研究与开发上。随着时代的发展，中学生的阅读现状越来越让人担忧：他们课外阅读的兴趣方向主要集中在漫画、大众文化（武打、言情小说等）、碎片文化（微博、微信等）上，其具体表现偏向感性化和浅层化，对相对“枯燥”的名著则表现得较为冷漠，往往会将之束之高阁。名著真的可有可无吗？郑建忠不认为名著是可有可无的。他很早以前就有开设名著导读课程的想法，并一直在为实现这个想法做着准备，直到几年前，他才正式在湛江一中培才学校开设名著导读课程。

中学生应该多读名著，因为读名著可以品味人生、品味世界、品味心灵、品味自己。而名著导读课程既可以给中学生的阅读提供建议，还可以对中学生的阅读进行预测和指导，让他们的阅读始终有一个正确的方向，进而培养他们正确、理性的人生观。因此，如何引导学生爱上名著，成了郑建忠研究的一个课题。读什么，怎么读，这是中学生普遍感到困惑的问题。名著导读课程可以有针对性地带领学生更有效地阅读，避免盲目性和随意性；可以培养学生良好的、持续的阅读习惯；可以培养学生的文化自信和文化修养。

郑建忠在湛江一中培才学校开展名著导读课程时，要求做到给七、八年级的学生每周上两节名著导读课，致力于精选优秀文本，聚焦读书方法，制订读书计划，设计导读宣传语，引导学生把握作品的主题、人物、叙事结构和写法特点，通过思维导图展示阅读内容，引导学生赏析经典片段，挖掘名著的深层内涵，从而激发学生阅读名著的兴趣，丰富学生的阅读视角，推进学生语文核心素养的全面发展，把学生的被动阅读转变为主动阅读，有益于学生的终身发展。

我很骄傲我现在的学生有着旺盛的求知欲和健康的语文学习心态。他们渴望在名著阅读中有深入的文本探究，以激发他们的思考，感动他们的性灵。我正和他们进行着名著阅读计划——每两周阅读一本书，每本书教给学生一种读书的方法。在指导学生进行名著阅读时，主要分为几个阶段：明确一个阅读者的责任—在自主素读中初次走进文本—在活动驱动中反复走进文本—在研读交流中深入文本—在作品展示中沉淀文本。我坚信教学艺术的本质不在于传授知识和本领，而在于激励、唤醒和成长。我并不急于让这些学生获得应试技巧，而是致力于让他们在七、八年级时能够热爱语文，发现语文之美，积累阅读经验，提高语文素养，从而厚积薄发，到九年级时就会有收获。

几年来，运用实践研究和经验总结，通过可视性教学应用与及时有效的指导策略，郑建忠提升了名著阅读效果，创建了“三位一体”的导读体系，形成了个性化和多样化的名著导读法——想象创新、设置问题、创设情境、欲扬先抑、思维碰撞、反思回味，从而揭示了导读的教学策略和价值，实现了教法与学法研究方向的转变，把学生的阅读方式从被动阅读转变为主动阅读。

如今，名著导读课程已在湛江一中培才学校有了相对成熟的做法和明显的教学效果，其不同课型的导读方法和导读效果，为广大一线语文教师提供了典型的学习样例，起到了引领和推动的作用。

郑建忠关于名著导读教学的系列论文多次见诸各类报刊，其中《分享阅读：探究学习视野下的名著导读新方式》发表在《天津师范大学学报》（基础教育版），反响较大。2017年10月13日，郑建忠做了由湛江经济技术开发区教育局教研室主办的，由湛江经济技术开发区东简中学承办的“名著导读现场：策略、实施与案例”讲座，获得了高度赞誉，郑建忠主持的名师工作室成员黄冕老师也在“帮扶结对，送课到校”活动中为湛江经济技术开发区东简中学七年级学生上了一节名著导读课——《朝花夕拾》，课堂效果良好，并获得了一致好评。

谭晓明老师的“《骆驼祥子》：旧北京人力车夫的心酸故事”和“精读课外自选内容”荣获“2016—2017年度湛江市‘一师一优课、一课一名师’活动”市级“优课”，课例“《汤姆·索亚历险记》导读：一个‘小顽童’的历险与成长”荣获“湛江市2016年初中语文名著导读教学课例评选活动”一等奖，“一个‘小顽童’的历险与成长——《汤姆·索亚历险记》复习”获“广东省2017年初中语文复习课教学研讨活动”二等奖，课例“《骆驼祥子》导读”荣获“广东省2016年初中语文名著导读教学优秀课例评选活动”一等奖。在“2017年初中语文复习课教学研讨会”上，谭晓明老师做专题发言“《汤姆·索亚历险记》复习教学”，获得了一致好评。

叶玉洁老师的课例“《红楼梦》的情节波澜（节选）”被评为“2016—2017年度湛江市‘一师一优课、一课一名师’活动”市级“优课”，课堂实录《红楼梦》荣获“第十一届全国中小学论文（课件）大赛”一等奖。李莎莎老师在湛江市举办的“湛江市2016年部编教材七年级语文教师培训研讨会”中，执教的“《朝花夕拾》读书交流会”获得与会者的一致好评。

名著导读的推广引起了较大反响。2018年3月10日的《湛江晚报》文化版以“《让经典滋养人生：名著导读教学策略（中学）》正式出版”为题介绍了这本学术专著。2018年4月24日的《湛江日报》刊登了三位学者的书评《好教育，用心做》，充分肯定了《让经典滋养人生：名著导读教学策略（中学）》的成功探索。

我们经常说要注重经验、教研。“经验”是指教师在多年的教育活动中积累的教学知识、问题及其解决方法；“教研”是指对一个问题或知识教学的深入研究，以及对教学方法的创新。现在教师面临的最大问题是经验太多而教研太少。

美国著名哲学家、教育家约翰·杜威说：“科学的法则和规律并不位于自然的表层。它们隐藏着，必须用积极和精心的探索技巧去把它们从自然中剥离出来。”伟大的发现都隐藏在某一事物的背后，要挖掘它，就必须先对它进行研究。而郑建忠的许多发现、认识、创新就不仅仅是靠经验得来的，更是通过研究得来的。每一个教学观点、策略都是他在研究中一点点探寻、思考和总结出来的。因此，教师要想教好学生，不仅要重视经验积累，还要勇于进行教学研究。也就是说，要在实践中积累经验，也要结合经验去研究教学问题。

另外，郑建忠认为，在教研的过程中，教师一定要成为积极向上的学习者和开拓进取的实践者，对此，他给出了几点建议。

第一，要注重教与学的课例研究，开展以“备课”“研课”“说课”“听课”“评课”“反思”为基本内容的“五课一反思”的教研，以便正确认识课堂，全面把握课堂教学环节，促进教研服务教学并积极改进教学。

第二，要积极开展校本课程等一些小课题研究，并以第二课堂等形式呈现研究成果。事实上，小课题研究就是以新课程实施过程中教师所面对的各种具体问题为对象，以教师为研究主体，强调理论指导下的实践性研究。这样，既注重解决实际问题，又注重经验的总结、理论的提升、规律的探索和教师的专业发展。因此，我们的教师在选题方面，一定要立足课堂，将教学与研究相结合，使其既有明确具体的现实意义，又有可操作性。

作为一名正高级教师，郑建忠深知教研对教师成长的意义。教研能让教师的教学更加理性，更加科学化。教研是一种以理论指导实践的“分析现象、寻找规律”的活动，在这个活动中，教师可以提高发现问题和分析问题的能力，收集、筛选和整理信息的能力，以及归纳、概括和研究资料的能力。同时，教师开展教研也是自身专业化的需要。教师通过参与教研，提高了专业素养和研究能力，可以使自己更快地适应社会发展对教师的专业要求。

如今，郑建忠已经取得了显著的成绩，在这一路成长的过程中，他觉得最难能可贵的是大家的理解与帮助。

> 一路走来，我要感谢的人有很多，感谢家人的理解与包容，感谢自己多年来的坚持与付出，感谢同事们的支持与信任，感谢领导们的鼓励与帮助。另外，最要感谢的是王林发教授。王教授于我，亦师亦友，他的为人为学，一直是我学习的方向。王教授在湛江一中培才学校为我和教师们做的研究型教师科研能力提升讲座，让我从真正意义上对自己所从事的教育事业有了清晰的认知，有了长远的规划，有了继续下去的更高追求。

也正是这些支持和帮助，让郑建忠矢志不渝地坚守着职业道德，切实践行着“好教育，用心做”的教育理念，并不断追求着卓越的发展。

作为校长，郑建忠倾力创办智慧学校，打造“培才特色”，即坚持“以德立校，育人为本，和谐发展，笃学求尖”的办学理念，通过开展生命教育、生态德育和生态教学等教育活动，让学生认识生命、尊重生命、热爱生命、超越生命，培养学生爱国、进取、奉献的精神和品质。具体实施途径是让学校现代化建设、教育信息化与智慧校园有机融合，从“德培本，慧泽人”和“才高远，成就人”这两个方面探索湛江一中培才学校的发展，把“互联网+时代德育的变与不变”“学校德育工作的思与行”“德育回归生活”“德育途径的坚守与拓展”等方面融入学校、教师和学生的发展中，从而营造积极向上的育人环境。

作为教师，郑建忠每周坚持给两个班上名著导读课。他致力于构建中学名著导读课程，引导学生阅读名著，培养学生养成终身阅读的良好习惯。此外，他还积极开发校本课程，开展校本课程实验，以形成适合湛江一中培才学校的教学体系和课程体系。

作为学习者，郑建忠是“学无止境”的践行者，他不断开启修心之旅、悦心之旅、向心之旅，先后赴清华大学参加广东省中小学名校长工作室团队专项研修班，并赴江苏参加首期“苏粤渝”中小学优秀中青年校长高级研修班，与专家学者、优秀校长们互动交流。

郑建忠秉持“时时为学习之时，处处为学习之所，事事为学习之机，人人为学习之师”的信念，在专业成长的道路上，履行着教育的使命，教书育人，甘为人梯，为语文教育事业的发展矢志不渝地贡献着自己的一份力量。

第三讲　邓胜兴：梦想与追求

第一节　教师的梦想

初为人师的邓胜兴在一个海岛教书，环境艰苦是海岛教师们的共同回忆，但对于邓胜兴来说，他的记忆里更多的是快乐。在那个地方，邓胜兴遇到了很多难题，也收获了很多成果。

一、新手教师的困惑

1989年9月，握着一纸入学通知书，邓胜兴满怀着对未来的憧憬，踏入了雷州师范专科学校（现为岭南师范学院）的大门，激动地向数学系的报到处走去。回首过去，邓胜兴觉得，当时选择数学似乎就是冥冥中注定的。

当年我们学校是没有高三的，读完高二就毕业了，但怀着对知识的渴望，在上高二期间我自学了化学等科目。刚好那时南海石油公司在招聘，如果应聘上就可以乘船出海，跃出“农门”将指日可待。我那时的成绩虽然算不上优秀，但我的化学考了一百分，而且，在仅招的30个农村学生中，总成绩排第二十名，所以进入南海石油公司的希望还是很大的。无奈，造化弄人，由于当时我的个子比较瘦小，体重不达标，最终到南海石油公司工作成了南柯一梦。于是，我决定走另外一条路——考大学，当时我的成绩并不突出，要想考上大学其实是有一定难度的。但是，我知道如果考不上大学，我的命运就不可能得到改变，回到农村后，我仍然会和父辈一样过上十分艰苦的农村生活，我不甘心！再加上我的家人都很支持我考大学，于是我就化压力为动力，勤奋学习。高考后，填报志愿时有一位教师曾给我建议："改革开放以来，中国经济增长速度非常快，许多高楼大厦拔地而起，将来会需要很多建筑师的，你读建筑专业，以后一定大有作为！"我备受鼓舞，打算报考建筑专业，但昂贵的学费使我望而却步。后来，我再三斟酌，凭着自己的专长和对数学的热爱，转而报考了数学专业。从此，我便与数学结下了不解之缘。

在讲述这段坎坷的求学之路时，邓胜兴却是笑容满面地说："好事多磨，我学习数学是命运的选择。"

邓胜兴从雷州师范专科学校毕业后，被分配到湛江市硇洲中学担任数学教师。硇洲中学位于硇洲岛。硇洲岛是一座海岛，它北傍东海岛，西依雷州湾，东南面是南海，纵深是太平洋。由于硇洲岛距离市区很远，位置偏僻，所以这里的交通和信息都不通畅，人流量少，教育落后。硇洲中学位于硇洲岛的西部，如果没有那飘扬的五星红旗，它真的不容易被外人发现。学校的外墙是用本地大块大块的石头堆砌而成的，上面粉刷了一层石灰，经过长期的风吹雨打，外墙的石灰很多都已经由白色变成了暗黄色，并大量脱落了下来。学校围墙的墙头上长满了野草，校门也在风吹雨打下变得锈迹斑斑。进入学校，校舍是清一色的瓦房，屋顶的老瓦多有残缺，就连教室的玻璃也多有破损。长期以来，学校办学条件落后，教师宿舍紧张，没有像样的食堂，教师在危房中做饭，更不用提窗明几净的教室与办公室了。但即使是这样艰苦的环境，也没有影响邓胜兴对教育的热爱，他怀着极大的热情，欣然地接受了这一切。

地理位置偏僻的硇洲岛，经济发展速度很缓慢，再加上硇洲岛没有报亭、图书馆，平常除了几份报纸，没有其他读物可读，教育发展速度自然也不快。学生的书本只有教材，他们很少有机会接触教材以外的书籍，所以视野比较狭窄。硇洲中学地处偏僻的海岛，教师的上升空间很小，学生短期内没有取得进步，考不上大学，很多教师就渐渐失去了教学的热情，责任心也不强。在他们看来，教师这份工作仅仅是一个用以谋生的“饭碗”罢了，用一句俗语来形容当时教师们的状态就是“做一天和尚撞一天钟”。

对于这种艰苦的环境，年轻教师多半是不愿意来的，即使来了，也大都会想方设法调离这里，所以硇洲中学的师资严重不足。邓胜兴的加入，让校长倍感欣喜。20岁出头的邓胜兴朝气蓬勃，身兼数职——担任高三年级某班的班主任，教授三个班的数学课程。一个初出茅庐的教师，尚且会遇到很多困难，就更别提身负重任的邓胜兴了，想必他会遇到更多棘手的问题。果不其然，除了生源较差、教学条件不好以外，各种困难也接踵而至了。

其中一个很严重的问题就是学生无心向学，对高考没有信心，对未来没有明确的规划。当时，硇洲中学从办学以来，没有一个学生考上过大学，所以在学生看来，自己也不可能考上大学。但作为班主任的邓胜兴认为，当务之急不是想着如何提高学生的成绩，而是改变他们这种“读书无用论”的错误观念。邓胜兴经常跟学生交流，跟其他教师交流，尽最大努力了解每一个学生的学习情况，然后根据他们的知识水平将其分成三个层次，并进行有针对性的指导。邓胜兴反复用自己的经历感染他们，用前途、理想激励他们，使他们认识到通过读书可以走出海岛，见识到外面的世界，还能改变自己的命运。

慢慢地，班里学生的思想问题解决了，学生家长落后的教育观念成了邓胜兴需要解决的另一个问题。

在远离城市的海岛，不少家长的教育观念比较落后，其中有两个学生令邓胜兴印象深刻。这两个刚上高三的学生，成绩一直都不太理想，对学习失去了热情，对自己、对教师都失去了信心。他们的家长觉得反正自己的孩子也考不上大学，即使考上了，也只不过是多了一张毕业证而已，结果还是会做一个渔民，和其他渔民没有本质的区别。他们就想着不如让孩子早点回家帮忙，尤其在忙碌的开渔期，家里就更需要人手了。在一个周一的早晨，这两个学生没有来上课，听别的学生说他们打算辍学。上午放学后，邓胜兴便心急如焚地带领其他任课教师和班干部先后赶到这两个学生的家里，为他们和他们的家长做思想工作："只要认真读书，在高三这一年努力拼搏，走出海岛还是很有希望的。如果现在就辍学，就前功尽弃了，一丝希望都没有了。不读书的话，你们该撒网还是得撒网，该捕鱼还是得捕鱼，和没读过书的渔民没啥两样……"经过邓胜兴苦口婆心的劝导，这两个学生和他们的家长都想通了，当天下午，两个学生就跟着邓胜兴回学校上课了。邓胜兴喜笑颜开，更关心他们了。皇天不负有心人，后来，这两个学生一个考上了本科学校，一个考上了专科学校，他们的高考分数也打破了硇洲中学的纪录。怀着对学生的爱，邓胜兴用责任、担当解决了硇洲中学学生的辍学问题。

二、新手教师的突破

无数名师成功的例子说明，教师只有在教学中不断学习，在实践中积累，在求索中体验，提高驾驭教材的能力，培养深厚的文化素养，形成精湛的教学艺术，方能为学生构建起理想的课堂。

每个新手教师都是一块没有经过打磨的玉石，在其普通而坚硬的外壳下紧紧包裹着的是一块温润无瑕的美玉。如果新手教师没有善于学习、勇于突破自我的内心，没有经过凤凰涅槃般的浴火重生，没有经过痛苦的打磨，那么，他永远都不可能变成无价的美玉。

邓胜兴的教学成绩斐然，当教师的第一年就被评为了区优秀教师。而作为新手教师，他是如何突破发展的呢？

每个新手教师都会经过专业的理论学习，但要把冰冷的数学以学术的方式转化到生动活泼的学生身上，是一个很值得认真研究的课题。

邓胜兴认为，新手教师既要以教师的眼光去洞察学生的心理，又要以学生的学习接受能力来评价自己的教育教学能力；既要向教材学习，又要向老教师学习。新手教师身兼学生与教师的多重角色，这既是一种压力，也是一种动力。新手教师在意识到自己的不足后，不要回避，而是要迎难而上，争取完善自己。而邓胜兴主要是从以下几个方面着手进行突破的。

（1）反复研读教材，逐一推敲每个数学概念的内涵和外延，理解各个章节间的纵横联系。在研读教材的过程中不断追问自己：你遇到了什么问题？这个问题和以前解决的问题有什么不同？这个问题的症结在哪里？如何解决这个问题？你在解决这个问题的时候借助了哪些知识？这个问题如果没有被彻底解决，你又是如何重新设计和研究的？问题到底出在哪里？通过不断地追问自己，促使自己不断思考，这样才能更好地理解教材，更好地服务教学。

（2）独立演算各册教材的例题、习题，并反思解题过程。数学是一门逻辑性比较强的学科，内容之间具有很强的关联性，对培养学生的抽象思维、辩证思维、发散思维和求异思维很有帮助。因此，对于每一个知识点，都要想方设法弄得一清二楚，了解其内涵，把握其真谛、精髓和实质。虽然教材是“死”的，但教学是“活”的，学生是活的，教师应灵活地用教材教学生。只有对教学不断地进行总结和归纳，才能达到“八方联系，浑然一体，漫江碧透，鱼翔浅底”的教学效果。

（3）深入研究历年高考试题和国内外数学竞赛题。掌握数学就意味着要解题。高考是教学永恒的主题，高中数学主要包括解题、讲课（或教材研究）和高考三个方面。邓胜兴自从教学起就开始研究高考试题，积累高考试题解题经验，提高自己的解题能力。高考考查的程度主要包括了解、理解、一般掌握和灵活掌握四个方面。教师对每个方面会考查哪些内容，有哪些考点，需要掌握哪些题型等要进行分析和总结，特别是对学生的薄弱环节、易错点和易混点，要讲清、讲透原理，注重数学方法的渗透，反复对重点题型进行演练。因此，在课堂教学中，教师要做到精讲、多练、勤反馈，以便让学生每节课都有收益。

20世纪90年代，我国数学竞赛活动发展迅速，由于竞赛题的题型灵活，对学生的思维培养有很大的帮助，再加上当时部分高校对全国数学竞赛省级一等奖及以上选手有保送或高考加分的政策。于是，邓胜兴在从教以后，便开始系统地研究全国初、高中数学竞赛的试题，用心指导学生参加竞赛。他指导的学生获得过广东省二等奖，也多次获得过区第一名。邓胜兴在教学中善于学习，不断拓宽自己思维的宽度和广度，在潜移默化中也影响着他的学生们，在几年中，他教的学生中就有人的高考成绩居区第一名。

《礼记·学记》有云："虽有嘉肴，弗食，不知其旨也；虽有至道，弗学，不知其善也。是故学然后知不足，教然后知困。知不足，然后能自反也；知困，然后能自强也。故曰：教学相长也。"邓胜兴知道自己的不足，常常感到越学越无知。正是知道自己的不足，邓胜心才不断学习，不断反思，不断成长。为了开阔视野，邓胜兴坚持每个月都到市区一两次，其目的一是跟同行进行交流学习，了解城市学生和农村学生之间的差距，二是到新华书店去买书，选一些关于教学方面的图书。

正是因为邓胜兴坚持不懈地奋力钻研教学，把教学理论和教学实践联系了起来，进而不断改进、完善教学，所以才有了可喜的成果——由邓胜兴担任班主任的班级里出了大学生，这是硇洲中学办学三十五年来的重大突破。校长看到邓胜兴的勤奋努力和取得的显著成绩，破格推荐他参加区优秀教师的评选，这帮他找到了前进的方向，也为他带来了意想不到的收获，那一年，邓胜兴刚好22岁。

第二节　艺术的探索

1997年，邓胜兴被调到湛江市第六中学。在那里，邓胜兴继续着数学教学的征程。在这段征程中，有彻夜研究竞赛题的磨炼，有对教改精神的实践，有斩获佳绩的喜悦……一路走来，有挫折、痛苦，也有收获、快乐，而这一切，都是他人生最宝贵的财富。

一、走出海岛

1997年，是邓胜兴在硇洲中学工作的第六个年头，也是他到湛江市第六中学工作的第一个年头。怀着对硇洲中学的不舍，邓胜兴开始了新一轮的教育探索。到湛江市第六中学后，他很受学校的重视，被推荐担任数学科组的组长，这次机会成了他攀登人生的梯子，专业成长的桥梁，奋勇前进的助推器。

当上数学科组的组长后，邓胜兴对自己严格要求，准确定位。他渴望有专业成长的机会，希望自己在专业方面有所建树，于是他积极参加教学研究、校本研修等活动，努力提升专业水平，提高教学质量。湛江市第六中学的生源不算好，但是数学高考成绩、数学竞赛成绩都居同类学校前列。

二、向教学的制高点前进

核心素养是指学生应具备的适应终身发展和社会发展需要的必备品格和关键能力。教师要想培养学生的核心素养，就要以课堂教学为主阵地，以提高教学质量为目标，以发展和完善人的人格为使命，从而促进学生综合素质的全面发展。

为了发展学生的数学核心素养，在数学教学中，邓胜兴恰当地、有逻辑地、有机地结合来自多种文化背景下的数学材料，激发学生的学习兴趣，鼓励学生主动探索、积极思考，帮助学生认识数学发展的多元文化性，形成对文化的开放态度，发展批判性思维与多元视角，进而帮助他们丰富数学知识，增强文化底蕴，形成终身学习必备的关键能力和素质。

（一）创设情境，激发学生的学习兴趣

创设情境是引入数学内容的常用方式，也是最具体、最有效的方式，邓胜兴在数列内容的相关教学中运用了这种方法。

比如，在讲授“等差数列的前n项和”时，一开始就介绍少年高斯巧算1+2+3+…+100的故事及$1+2+3+\cdots+100=\frac{100(1+100)}{2}$的计算方法，接着向学生追问：“同学们，你们是否还记得我们学习‘数列的概念与简单表示法’时提到的三角形数？（出示图1）结合高斯计算1+2+3+…+100的计算方法，在第4个三角形数的旁边添加一个倒三角形数的意义何在呢？同学们能解释一下原因吗？”

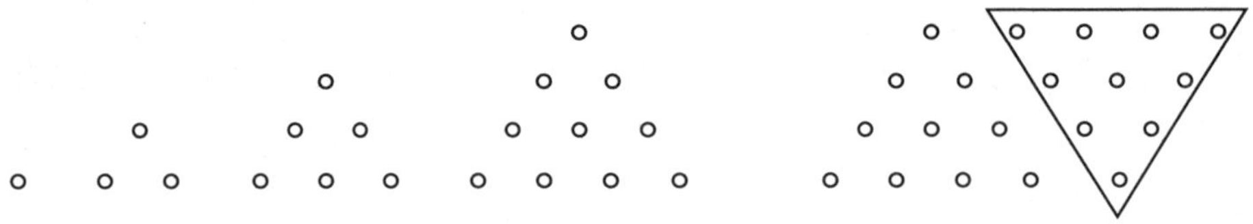

图1

引导学生进行观察，假定一个三角形数有n行，如果再添加上一个与之相同的倒立的三角形数后，渗透倒序相加的方法，其总点数就有$[1+2+\cdots+(n-1)+n]+[n+(n-1)+\cdots+2+1]=n(1+n)$个，进而推导出$1+2+3+\cdots+n=\frac{n(1+n)}{2}$。从而列出用$S_n$表示的前$n$项和公式：$S_n=a_1+a_2+a_3+\cdots+a_n$，探究出等差数列的前$n$项和公式为$S_n=\frac{n(a_1+a_n)}{2}$。

或者通过两个相同的图形进行补形的思想，将等差数列求和公式与梯形的面积计算公式联系起来，如图2所示（见下页）。

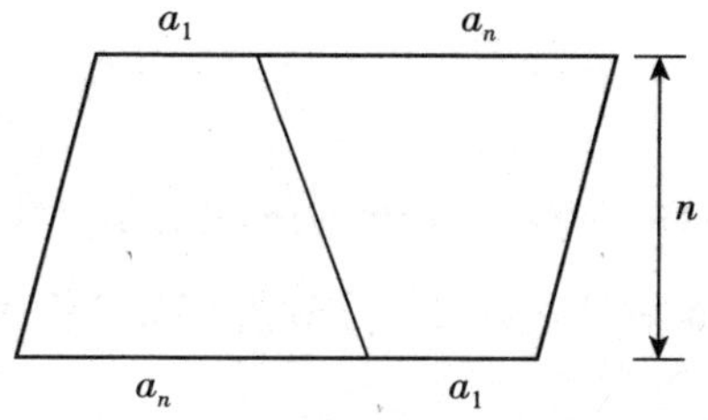

图2

或者是将等差数列前 n 项和公式 $S_n = na_1 + \frac{n(n-1)}{2}d$ 与图3的面积计算联系起来。

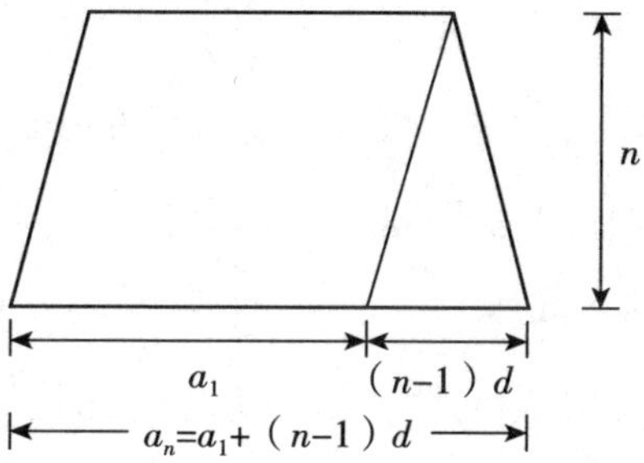

图3

又如，在“等比数列的前几项和”的教学中，向学生讲述一个古老的传说：“有位国王要赏赐一位国民，问他需要什么？这位国民不要黄金宝石，只要国王赏赐他一些麦粒，他拿出了一个国际象棋的棋盘说：‘请国王在棋盘的第一个格子上放1粒麦粒，第二个格子上放2粒麦粒，第三个格子上放4粒麦粒，第四个格子上放8粒麦粒……直到放完这六十四个格子。’国王一听只要一些麦粒，想都没想就答应了他的请求。管仓库的大臣一计算，不得了了，就算把全国的麦粒都给这位国民都不够赏的！国王左右为难，于是这位大臣向国王提议说：‘让这位国民自己去数麦粒。’按照一秒数一粒麦子的速度算，这位国民这辈子也数不完了，就这样，国王没有食言，也没有付清赏赐的天文数目的麦粒。”用有趣的数学故事激发学生的学习兴趣，往往能起到事半功倍的效果。

（二）再现历史名题，领略多元文化应用价值

古往今来发生过许多与数学相关的奇闻轶事，经代代相传，最后成为数学典故。这些数学典故经过历史的沉淀而具有了一种独特的魅力，被教师讲出来，一定会让学生有不一样的体验。

例如，在不等式内容的相关教学中，邓胜兴就结合历史名题进行了教学。

在15世纪的欧洲，有一位数学家叫雷吉奥蒙塔努斯，他的著作《论各种三角形的五部书》曾对三角学的发展产生了很大的影响。他在给朋友的信中提到了这样一个问题："一根垂直悬挂的杆子，从地面上哪点看上去它最长（也就是视角最大）？"这个问题被称作迄今为止数学史上的第一个极值问题，即最大视角问题。

图4中，把杆子表示成线段 AB，假设点 P 是地面上使得 $\theta=\angle APB$ 最大的点，则设 $OA=a,\ OB=b,\ OP=x,\ \angle OPA=\alpha,\ \angle OPB=\beta$。所以有 $\tan\theta=\tan(\alpha-\beta)=\dfrac{\tan\alpha-\tan\beta}{1+\tan\alpha\tan\beta}=\dfrac{\frac{a}{x}-\frac{b}{x}}{1+\frac{ab}{x^2}}=\dfrac{a-b}{x+\frac{ab}{x}}$，分母用基本不等式得到 $x+\dfrac{ab}{x}\geqslant 2\sqrt{ab}$，当且仅当 $x=\sqrt{ab}$ 时取等号，因此 $\tan\theta\leqslant\dfrac{a-b}{2\sqrt{ab}}$，当 $x=\sqrt{ab}$ 时，$\tan\theta$ 取最大值，即 θ 取最大值。

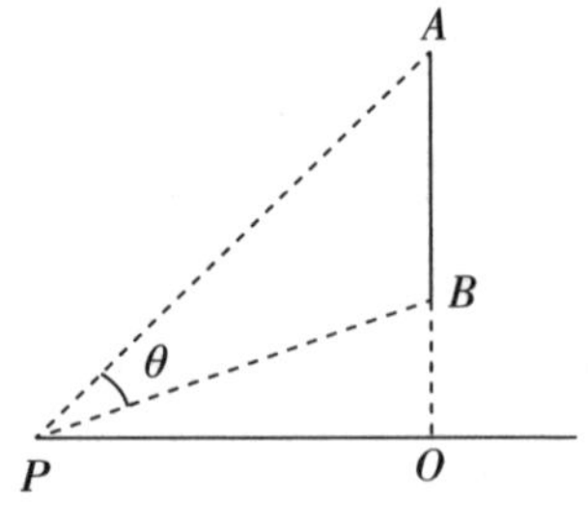

图4

在这个最大视角的问题中，既体现了均值不等式"一正二定三相等"

的和谐美，又体现了数学文化的历史魅力。

要想培养学生的创新思维，就要激发他们的好奇心和兴趣。教师要将数学知识通过各种教学活动生动地展示给学生，要注重知识的渐进深化过程，使学生体会到解决数学问题的乐趣，积极思考数学知识下一步深化的方向和过程，发现解决问题的方法、思路和解决此类问题的一般途径。另外，教师还要鼓励学生运用这一思路去解决新的相似或相关问题，以达到触类旁通的效果。

（三）注重数学思想的渗透，培养学生的探究能力

数学思想是处理数学问题的指导思想和基本策略，也是人认识事物、学习数学的基本依据，是数学学习的灵魂。所以，邓胜兴在教学中特别注重数学思想的渗透。

比如，在教学复数的相关知识时，邓胜兴就特别强调了复数所蕴含的方程思想、转化思想和数形结合思想等数学思想。他深知人对新事物的认知需要经历一个从简单到复杂、从低级到高级的螺旋上升的过程。所以，邓胜兴首先通过引导学生基于复数本身的概念去思考，去理解，然后，他精选了一些能够体现复数中各种数学思想的经典题型，让学生自行分析和探究，去实践，去应用。这样由浅入深的教学方式，减轻了学生的心理负担，调动了学生的积极性，并达到了化繁为简、举一反三的效果。

学生们在邓胜兴的引领下，领会了数学思想，拓宽了视野，获得了灵活的思维方式，掌握了数学的学习方法，培养了科学探究的能力。

（四）学以致用，深化理解

学习数学的目的是培养学生用数学的眼光观察世界，用数学的语言和思维描述、分析世界，从数学的视角分析生活中的问题，进而运用数学知识、经验解决问题。

数学的价值是多元的，所以，教师在教学中既要注重传授知识，也要注重学生能力的提升，还要注重学生人文素养的培养。唯有这样，才能使教学内容融会贯通、浑然一体，进而为学生的发展奠定坚实的基础。

三、敢为人先，坚持教改

（一）用理念支撑教育教学

从一开始从教，邓胜兴就用“务真求实，求活求新”这个理念来指导自己的教育工作。“务真”是指数学教学要求真，即讲道理、讲依据。邓胜兴对数学有一种认同，那就是数学来自真实的生活、生产，又反过来对生活、生产产生了很大的影响，因此，他会把数学教材中呈现的知识和情境融入生活中，使教学内容贴近社会生活，以激发学生的学习欲望。“求实”是指数学教学要根据数学规律开展，讲究实效，明确思路，能够解决指定的问题。“求活”是指一个人的数学思维越灵活，对数学的理解就越深入，也就是我们常说的融会贯通。如果在多种解题方法中总结整理出一种最优的，那这就是一种“活”。“求新”是指解决数学问题有新意，激活学生的思维，使其对数学产生浓厚的兴趣，因此，邓胜兴常常会通过一题多变、一题多解来训练学生的求异思维。

（二）践行教学理念

“务真求实，求活求新”，虽然只是简简单单的八个字，却是邓胜兴二十多年来不断探索、不断追求的教育理念。那么在教学方面，邓胜兴是如何践行这一教学理念的呢？

数学是冰冷的，要用火热的心去温暖它。邓胜兴带着满满的激情从数学的概念、理论、规律、内涵及外延等各个方面对学生进行系统的讲解，帮助学生深入理解知识点。如果不这样做，学生往往会只知其然而不知其所以然，会解简单的题，对稍微难一点的题就无从下手了。

课堂是学生获取知识的主阵地，要将课堂还给学生。面对学生学习数学的困难情况，邓胜兴认为必须打破“满堂灌”的教学模式，所以，他一直坚持做到“教师三分讲，学生七分练”，以给予学生充分的自主学习与探究的时间和空间。经过不断地摸索、总结，他提炼出了颇有新意的教学模式——“创—问—引—练”。

“创—问—引—练”的教学模式强调以学为中心，立足学生思维的发展和能力的提高。根据教学目标，创设多元问题情境，提出问题，激发学生的学习兴趣，引导学生思考和质疑，进而生成智慧。

在数学教学实践中，邓胜兴较好地运用了“创—问—引—练”教学模式，取得了较好的效果。具体而言，“创”是指创设合适的数学情境，吸引学生的注意力。教学法一旦触及学生的情操和意志领域，触及学生的精神需要，它就能发挥其高效的作用。“问”是指以问激疑，铺垫思考之路。“发明千千万，起点是一问。”问题是思维活动的起点。有了问题才能引起思考，获得真知。富有艺术性的提问犹如美妙的旋律，不仅能使教学呈现音乐魅力，还能激发学生的创造性思维。“引”是指悉心引导，巧妙点拨，解开疑惑，指明方向，传授方法。教师要有意识地引导学生从不同角度、不同路径思考问题，促进学生发展发散性思维，培养学生的创新能力。“练”是指精心设计练习内容和形式，让学生通过解决问题来掌握隐含在问题背后的科学知识，构建知识网络，发展能力。

当适合时代的教学理念遇上适合学生的教学模式，成功就会来敲门。邓胜兴在教学中边思边教，其中创新思维培养的系列研究成果，如《多元文化视域下数学研究性学习创新思维培养探索》《学科素养背景下抽象思维创新的认识与培养》《以余弦定理教学为例谈多元文化视域下创新思维的培养》《学科素养视域下辩证思维创新培养的策略研究》分别发表在了《高中数学教与学》、《数理化解题研究》、《广东教育》（综合版）、

《师道（教研）》杂志上。教学理念和教学方式有所创新，课堂自然就灵动起来了，学生成绩上去了，学生学习起来自然就有动力了。邓胜兴后来被评为全国特色教育优秀教师、广东省师德先进个人等。成为学生喜爱的优秀教师后，他并没有因此而骄傲，也没有止步不前，相反，他怀着对教育工作的极大热情和期望，继续砥砺前行着。

第三节　科研中成长

一、著书立论

自从在教育期刊上看到别人发表的文章，邓胜兴就非常羡慕，渴望自己有一天也能发表文章。这个念头一直萦绕在邓胜兴的脑海中，挥之不去，这也成了他对数学学科不断进行研究和探索的原动力。

2010年10月，邓胜兴的梦想终于成真了！他在《师道（教研）》期刊发表了第一篇论文《掀起抽象函数的“盖头”来》。有了第一次的成功经验，邓胜兴信心满满，更加重视数学教学与研究，从此便一发不可收。他的《在数列教学中渗透多元文化意识的思考与实践》《递推数列通项公式的破解》等论文在《中学数学教学参考》《高中数理化》等著名刊物上相继发表。2017年，邓胜兴与姚凤娟、王林发合著的《教师课堂提问的技巧与策略》历经近四年时间的打磨终于面世。这部专著近28万字，被评为“国培计划”优秀成果出版工程系列图书，并于2018年被浙江省杭州市建德市教育局在第五届“书香校园　智慧园丁”读书活动中被推荐为教师阅览图书，同时获得了当年广东省中小学教育创新成果奖三等奖、第四届湛江市基础教育教学成果奖二等奖。短短几年时间，邓胜兴就发表了20多篇论文，出版了1部著作，在专业的发展上突破了第二成长的高原期。一切成功都来源于背后的不懈努力，邓胜兴正在通过自己的努力一步一步地向专家型教师迈进。

读书对一个人的专业成长会产生巨大的影响。有输入才会有输出，如果没有长期研读教育专著、教育期刊，是不可能发表论文和著作的。

说起读书，邓胜兴分享了一个他儿时与书的故事。邓胜兴小时候生活在农村，那时候家里很贫困，有时候连肚子都填不饱，更别说看课外书了。由于很想看《水浒传》《平原游击队》这样的小人书，他一有空就跟随父亲到五千米之外的镇上租书看。虽然租一次只需要两分钱，但他有时连两分钱都没有，便偶尔“偷”家人放在抽屉里的零钱。他还拾废铁、卖菜换钱租书看。

邓胜兴非常热爱阅读，对读书有着强烈的渴望。当上教师后，他更是订阅了《中学数学教学参考》《数学通报》等多种报刊，不断向名师学习，不断充实自己的专业知识，力求做到与时俱进。

除了大量阅读报刊，邓胜兴还喜欢参加研修，这使他对一些前沿知识、教学动态等都获得了深入的理解和掌握。他多次被评为全国、省、市中小学读书教育活动优秀指导教师。

美国心理学家波斯纳提出了一个教师专业成长的公式：经验+反思=成长。通过这个公式，他清楚地揭示了反思在教师专业成长中的重要性。作为一名专家型教师，邓胜兴十分重视教学反思。每天上完课，邓胜兴都会进行深刻的反思，希望在反思中发现问题，并在解决问题的过程中促进专业的发展。

论文与著作的撰写，读书，教学反思，这三者缺一不可。只读不写，永远不会有感悟；不读光写，缺乏理论的支撑，会行之无文，言而无物。教师通过写作，对教学进行反思，研究教育家的学术著作，然后促进思维的碰撞，产生自己的观点，进而发表论文与著作，从而促进自身的专业成长。

值得一提的是，在2015—2018年，邓胜兴被岭南师范学院聘请为兼职副教授，他给学生上“名师教学艺术赏析”“观课、议课、说课”等课程。他系统研究了很多教学名师的教学理念、教学艺术和教学策略等，专业视野不断开阔，专业水平不断提高，这是他向专家型教师发展的重要一步。邓胜兴在2018年被评为广东省特级教师，同年12月被评为广东省中小学正高级教师。

二、科研促教

教师要想获得专业发展，仅依靠自身的努力是不够的，还需要学校具有浓郁的科研氛围。2014年，邓胜兴担任湛江市第十中学副校长，分管教学、教研，他营造以研促教的氛围，鼓励大家大胆探索教学艺术，不断提高教学质量。

邓胜兴发现教师们很团结，也比较好学，但是底子比较薄弱，目标也不明确。他认为要想提高教学质量，必须要做好科研，使教学和研究相辅相成、相互促进。而这一切的关键，就是教师。

为此，他采取了以下措施。首先，学校为教师的专业发展创设良好的环境，为教师成为研究者提供路径。学校以“科研兴校”为切入点，建立激励机制，鼓励教师进行教育科研，为其提供研究经费、研究设备等；其次，对教师进行有针对性的培训，把教师教研落到实处。聘请专家、教授定期给教师进行系统培训，让他们系统学习科研方法。值得一提的是，经过大家共同的努力，学校在教研方面已经取得了很多成果。

科研和教学是教师成长的两翼，教师这份职业，对邓胜兴来说不仅仅是一个“饭碗”，更是一份尊严。他刚入职时，就给自己立下了一个目标：“要提升自己，要干得出色，要做一个学生喜欢的教师，要让自己在事业上有所建树。”因此，不管在哪个地方工作，他都认真、勤奋和执着，可以说，这是他专业发展的保证。

在专业发展的道路上，邓胜兴很认同一句话——只问耕耘，不问收获。邓胜兴用自己的努力不断探索着教学艺术，在成就自己的同时，还带动和影响着其他教师。

第四讲　谢文东：尝试与突破

第一节　修炼：在摸索中创新教学

一、新手教师成长之路

俗话说，“万丈高楼平地起”，而从一名普通的教师成长为一名卓越的教师，同样需要踏踏实实地从积累专业知识开始。每每想起在学校里勤学苦读的那一千个日夜，谢文东心中便百感交集。

1984年，谢文东考上了广东省湛江市遂溪师范学校，陈旧的教学楼、落后的教学设施……眼前的校园与谢文东想象的校园大相径庭，再加上这是他第一次背井离乡独自生活，心中不免感到失落、孤单。但他明白一个道理：环境并不是决定个人成长的最重要因素，理想、意志和毅力才是关键。一直以来，谢文东心中都坚守着一个信念——成为学生喜爱的教师。正是凭借着这个信念，谢文东在遂溪师范学校学习的那三年时间里不曾有过一次懈怠。

《礼记·中庸》中有言：“凡事豫则立，不豫则废。”即不管做什么事，事前都要制订一个合适的计划，并按照计划一步步地实施，这样才更有机会获得成功。谢文东为了让自己更系统地掌握专业知识，也根据实际情况制订了一个学习计划，并要求自己严格按照计划进行学习。谢文东在每一本教材上都写满了自己的思考与感悟，也常常在图书馆里看书看到忘记时间，忘记吃饭。

1987年，谢文东从遂溪师范学校毕业后，被分配到湛江市文保小学工作。这个小学是湛江市赤坎区的一所乡村学校。在遂溪师范学校学习的三年时间里，谢文东一直很努力，很认真，学习成绩也很优秀。最初他以为自己毕业后可以留在城里的小学任教，没想到却被分配到了这所偏僻的乡村小学，但谢文东没有怨天尤人，他迅速调整好自己的心态，以饱满的精神投入到了教学工作中。

让谢文东没想到的是，他被校长安排到了一个被全校“敬而远之”的四年级班级里担任班主任一职。对于初入职场的谢文东而言，这无疑是一个巨大的挑战，在无形中给他增添了许多压力。但压力往往也是成长的催化剂，谢文东决定迎难而上，争取管理好这个班。

与大多数刚入职的年轻教师一样，谢文东面临的最大困难不是教学，而是如何接近学生，获得学生的喜爱。谢文东明白，四年级是学生从低年级向高年级过渡的重要阶段，此阶段学生的特点是思想开始从笼统的印象转变为具体的分析，且偏重对自己喜欢的事物进行分析，思维形式开始向抽象思维过渡，具有一定的叛逆心理。同时，他心里清楚，学生虽然表面一副与教师对抗的样子，但是内心非常渴望能够获得教师的关注和关怀。于是，谢文东除了在课堂上好好地给学生上课，课后也放下了教师的架子，抓住各种机会参加学生的课余活动，如烤番薯、挖野菜、放风筝等。这种方法很管用，他成功地融入了学生的生活，拉近了与学生的距离。

在教学期间，有一位叫小林的学生给谢文东留下了非常深刻的印象。小林是班上的“捣蛋大王”，许多学生受他的影响也喜欢跟着调皮捣蛋。有一次，小林在教室里把扫把点着了，幸好谢文东及时发现并把火扑灭，才没有造成安全事故，小林因此成了谢文东的重点关注对象。为了更好地了解小林的情况，谢文东多次对他进行家访，希望家校联合帮助小林改掉不良习惯，可惜效果一直不理想。后来，谢文东找到小林的父母，提出让小林跟自己生活一段时间。小林的父母很惊讶，因为没有谁喜欢自找麻烦，同时也很感动，知道谢文东是真心为孩子着想的，就毫不犹豫地答应了。在一起生活的那段日子里，谢文东对小林十分用心，一边在生活上关心他，一边在学习上辅导他。谢文东看到了小林身上敢作敢为的优点，就大胆任命他为纪律委员，负责班级的学风建设，效果竟出乎意料的好。慢慢地，大家发现小林也在一点一点地发生改变，后来不但不再调皮捣蛋了，学习成绩也进步了不少。

爱是教育的前提，教育不能没有爱。高尔基说："只有爱学生的人才会教育学生。"谢文东用爱教育、感化学生就是对这句话的最好诠释。

谢文东当上教师不久，就深切体会到了"书到用时方恨少"的含义。学生提出难以解答的问题时的窘迫，与经验丰富的教师讨论问题时的无言，都令他感到懊恼，因此，他迫切地想要提升自己的专业水平，权衡再三后，他决定参加大专自学考试。在职自考无疑是一个巨大的挑战，因为在此期间，谢文东既没有教师的指导，又没有同学的陪伴与鼓励，更没有固定的学习时间，同时要兼顾教学工作和学习，压力之大可想而知。但是，在谢文东看来，学习是一件快乐的事情，读书是他最大的爱好，学习过程中的一切不容易，都是"苦尽甘来"的"苦"，他也终将会迎来属于自己的"甘"。于是，谢文东开始了白天教学，夜晚研读的日子。"功夫不负有心人"，凭着顽强的毅力，谢文东完成了三年在职自考课程，获得了一张颇有含金量的毕业证书。这让谢文东更加自信了，也使他前进的脚步更加坚定有力了。

随着新一轮课程改革的展开，教师需要"充电"这一理念已经深入人心。时代在发展，知识在更新，教师只有不断给自己"充电"，提高自己的专业能力，才能跟上时代的步伐，带领学生走向更美好的未来。

1991年，谢文东的教学成绩得到认可，他被调入湛江市晨光小学，并先后担任了班主任、教导主任和副校长的职位。由于职位发生了变化，谢文东站在讲台上给学生上课的机会越来越少，与自己热爱的课堂也渐升陌生感。在从事行政工作时，他再一次感到力不从心，意识到自己的知识储备已经不能满足现在的工作需要，于是决定再次重拾书本，自考本科。

当得知谢文东要自考本科时，许多人都表示不理解。在他们看来，谢文东已经有了一份体面的工作，职位也不低了，何必再“自找苦吃”呢?

只有经历过自考的人才知道自考有多么辛苦。刚开始的时候，我也问过自己：“我已经是副校长了，还有必要那么辛苦地自考本科吗？”但是，我马上意识到自己这样想真是大错特错。时代在发展，知识在更新，教师也应该不断学习，努力跟上时代的步伐，这才是一个优秀教师正确的做法。

自决定自考本科那天起，谢文东就开启了疯狂学习的模式。每天凌晨四点，当大家还沉浸在美梦中的时候，他就已经悄悄起床开始学习了。六点吃过早饭后，又匆匆赶去学校处理事务。他学习很刻苦，就算在家养病时也从未放松过。

有句话说：“不怕别人比你优秀，怕的是优秀的人比你还努力。”其实，最初大家起点都相同，都是普通人，都是每天拥有24个小时，没有谁生来就是天才的。别人比你优秀，没有别的原因，只是因为比你更加努力而已。卓越教师不是凭空而来的头衔，是艰辛付出的结果。在谢文东的影响下，学校不少教师也开始了学习，有的自考专科或本科，有的参加各种相关培训等。

二、探索语文教学新路

1991年，谢文东由于在一次全区教学比赛中表现出色，被湛江市晨光小学的校长一眼相中并当场向他发出邀请。一课成名，这得益于他在文保小学任教期间不断探索进行的教学创新。

1987年，从遂溪师范学校毕业来到文保小学的谢文东开始接触真实的课堂。在这所学校中，有一群经验丰富的老教师，他们教学认真，治教严谨，谢文东从他们身上学到了很多东西。但渐渐地，他也发现了一些缺点，比如，这些老教师的教学大多是经验式的，理论知识比较薄弱，教育理念显得陈旧。谢文东虽然是新手教师，但在学校受过系统的专业训练，理论知识扎实，专业视野开阔，没有太多地受条条框框的约束，更能放开手脚去尝试新的教学方式，比如，他非常重视活动教学，他认为活动教学可以使学生在获取知识的同时收获快乐。在文保小学任教期间，谢文东经常带着学生到社区或者大自然中去观察、学习和游戏，或采几朵鲜花，或编一顶柳帽，或捉一条小鱼……这使得课本上的词语、诗句在大自然中变得生动活泼起来，令人着迷且记忆深刻。这种教学方式很受学生的欢迎，很多学生因此喜欢上了语文课。

谢文东仍记得第一次尝试新式教学法时学生们的反应。那是教学小学三年级语文课文《我爱故乡的杨梅》的时候，他决定摒弃以往“满堂灌”的方式，大胆创新教学方式，让学生在快乐中学习。上课铃响起，他微笑着走进教室，学生都好奇地盯着他手上的袋子。“同学们，你们吃过杨梅吗？我今天带来了一些杨梅，你们想尝尝吗？”学生一下子就被他手中的杨梅深深地吸引住了，争先恐后地举起手来。成功地吸引了学生们的注意后，他趁热打铁抛出问题，引导学生阅读课文并进行小组讨论。于是，这节课就在师生共同品杨梅、说杨梅和论杨梅的快乐氛围中进行着，学生们的学习热情也非常高，学习注意力非常集中，谢文东收到了意料之中的教学效果，这让他对教学创新充满了信心。之后，谢文东大胆地进行了多次教学创新，每一次教学创新都给他带来了很多思考，这让他对语文教学有了更多的想法，并且注意在实践中加以改进与完善。经过坚持不懈的努力，最终他赢得了展示才华的机会——参加全区教学比赛。

教学比赛是教育主管部门为提高教师教学水平而举办的一项教学研究

活动，比常态课的备课、上课、反思还多了同伴互助和专业引领等要素和环节，是青年教师专业成长的一个重要机会。教学比赛尽管存在着“以一课定乾坤”的偏颇，但不可否认它的确是教师专业发展的助推器。如今参加教学比赛已成为教师成长的重要路径。

谢文东第一次参加的全区教学比赛是在湛江市第八小学进行的，对他而言，参加这次教学比赛需要莫大的勇气：一方面，他刚参加工作不久，几乎没上过公开课，最多就是自己“折腾”；另一方面，没有优秀教师的指导，他不知道怎样才能上好教学比赛课。就在他犹豫不决的时候，校长拍着他的肩膀说：“这次教学比赛不要求你一定拿奖，只有两点要求——不延迟下课，不提前下课，只要做到这两点就足够好了。”谢文东放下顾虑，决定抓住这次难得的机会，挑战自我。

每每回首那次教学比赛，谢文东都觉得那是一个痛并快乐着的成长过程，虽然十分艰辛，但收获多多。他在备课的时候，就下定决心必须要有自己的教学特色，宁可创新失利，也不保守获奖。他参考了很多资料，观看了很多课例，不断借鉴，不断学习，不断修改，到最后一刻才定稿教案。

谢文东教学的是《跳水》一课，这篇课文主要讲述的是一个船长的儿子为了追猴子而爬到了桅杆上面，结果把自己置于一个非常危险的境地，直至船长用枪威胁要射击他，他才跳到海里的故事。他运用问题教学方法，首先向学生抛出一个问题，然后让学生分小组合作学习、共同探究。他以前使用过这一教学方法，至今仍非常实用。他还鼓励学生大胆提出问题，并针对每个学生的回答给予具体的点拨。他赞赏了学生们对同一问题做出的不同解读并表扬了学生们积极、主动的表现。这节“与众不同”的课，赢得了不少教育专家的认可和赞赏，晨光小学的校长就是在这次教学比赛中慧眼识珠，当场热情地邀请他到晨光小学任教的。

1991年，谢文东离开文保小学到晨光小学任教，继续探索语文教学新路。为了更好地进行语文教学创新，他经过深思熟虑，决定找一个班级作为“实验班”。“实验班”是一个普普通通的班级，并不是由全年级成绩最好或是成绩最差的学生组成的，而是包括所有层次的学生。然而，当校长听说谢文东要成立“实验班”进行教学改革时，尽管他很欣赏谢文东的改革勇气和创新精神，但是考虑到谢文东刚到学校，对学校各方面的情况还不熟悉，怕影响学校和学生的整体发展，最后否定了他的想法。谢文东理解校长的顾虑，但他不想就此放弃，于是就悄悄地在自己的班级进行教学改革，决定用成绩来消除校长的顾虑。

谢文东进行的语文教学改革，一开始并不顺利。他在给学生上课时进行了多次新的尝试，尽管课堂气氛活跃，学生学习热情高涨，但从最后的测验分数来看，教学结果并不理想。教学改革的道路从来都不是一帆风顺的，教师需要使出浑身解数“过五关，斩六将”才能冲破各种障碍。谢文东在这次教学改革中深切地体会到了这点，但是他告诫自己：“每一位教师在教学改革的过程中都会遇到形形色色的阻碍，但这正是考验教师勇气和毅力的时候。”谢文东没有气馁，更没有放弃，他选择在不断思考与改进中摸索着前进。

三、语文教学改革卓有成效

不知不觉，忙碌的一个学期很快就结束了，谢文东悄悄进行教学改革的班级，语文成绩有没有提高呢？

当校长祝贺谢文东执教的班级语文成绩获得全年级第一名时，谢文东心中的大石头才落了地，他紧紧地握住校长的手，心情非常激动。从全年级的倒数第一到真正的第一，这不仅是学生的收获，也是谢文东的收获，更是对他这一个学期以来进行教学改革的最好回答。

在教师总结会上，校长表扬了谢文东的创新勇气和良好成绩，很多教师也认为谢文东管理的班级学习风貌很好，而且语文成绩优秀，纷纷向他取经。谢文东认真总结了这次语文教学改革的经验，包括以下几个方面。

一是更新语文教学理念。传统的教学模式把教师当成课堂的主体，以教材为中心，整堂课基本都是教师讲学生听，教师问学生答，教师布置作业学生机械完成。对教师而言，这种教学模式负担大，容易使他们产生疲倦，失去教学热情；对学生而言，被动地接受知识，单调乏味，容易使他们失去学习兴趣，思维僵化。而正确的教学理念应该是教师做教学活动的策划者和组织者，学生做学习活动的参与者和主人公。教师在教学过程中应该重视学生的主体地位，引导学生充分发挥学习的积极性和主动性。学习的本质是在教师的引导下，学生进行自主探究和合作交流的过程，这就需要教师更新教学理念，改变学生“被动接受”的学习状态，使学生在学习过程中感受到乐趣。

二是丰富语文教学方法。“教学有法，教无定法”，教学本身具有一定的规律性，而教学方法不是一成不变的。在传统教学中，教师习惯按照“复习旧知—导入新知—呈现新知—操练新知—布置作业”的套路进行教学，这是灌输，是强制，既不能满足学生的好奇心，又不能提高学生的学习能力。教师应该改变单纯依靠口头传授和文字表述的教学方法，充分利用游戏、参观、故事等方法开展教学，从而让学生对语文知识有更深层次的理解，进而全面提高学生的综合素养。在多年的教学实践中，谢文东发现把游戏和教学结合起来会取得良好的效果：一方面打好听、说、读、写的基础，保证学生掌握基本知识和基本技能；另一方面巧妙地把游戏元素融入教学中，如演一演、画一画、做一做等，让学生在快乐的活动过程中学习语文。

三是构建语文大课堂。“语文的外延等于生活的外延”，语文在我们的生活中无处不在、无时不有。语文教育应该是将学校、家庭和社会融为一体，以课堂和教材为依托但又超越这两者的大语文教育。陶行知认为教师要“以宇宙为学校，奉万物为宗师”，因此，语文教学应走出课堂，走向社会，走向更广阔的生活。谢文东非常认可这一点，他经常带领学生走进大自然这个语文大课堂中，让学生的天性在大自然中得到释放，让学生的思维在大自然中被激活。

在谢文东的影响下，越来越多的教师开始加入教学创新的阵营中，开始尝试新的教学方法，学校的教学改革蔚然成风。

第二节　尝试：让学习更有生活味

一、让作文更生活化

写作能力是语文素养的综合体现，所以，作文在语文中占有重要的地位。在新课程改革中，作文教学一直是教育工作者探讨的重点。

一直以来，语文教师普遍重视对学生作文能力的培养，而作文教学质量却不尽如人意。很多学生对写作文缺乏兴趣、缺乏自信，写的作文也缺乏真情实感、缺乏特点等。那么作文到底该怎么教呢？这一直是语文教学的一大难题。

1992年，谢文东针对作文教学费时多、效率低的问题，开展了以“言之有物、言之有序、言之有情”为主题的生活作文教学实验。开展生活作文教学实验的首要目标是培养学生“言之有物”的能力。叶圣陶先生说：“作文是生活，而不是生活的点缀。”作文要“言之有物”，这就要求学生贴近生活，感受生活。然而，传统作文教学重知识轻内容、重模仿轻创新、重训练轻体验，这样教学背景下的学生作文读来往往淡而无味。传统作文教学要求学生作文立意要高，挖掘主题要深，这就很可能使作文脱离生活实际，不仅会禁锢学生的思维，限制学生水平的发挥，还会使作文内容缺乏真情实感，成为“假大空”的想象之作。虽然作文源于生活，但实际上学生的生活空间是非常有限的，生活内容也难谈丰富，这就使写作文陷入了一种“巧妇难为无米之炊”的尴尬境地。

在生活作文教学实验中，谢文东还做了更大胆的尝试。举个例子，学校组织学生到学校附近的公园游玩，在出发之前，他会给出一条游玩线路，要求学生一路留心观察。比如首先确定方向，其次参照景物，最后走去哪里，这样学生就可以按照一定的顺序仔细观察景物的特点，做好详细的记录，进而就能够写出具体、形象的作文，这样的作文才会“言之有序”。

对于“言之有情”，谢文东认为，教师应该让学生把作文与生活紧密联系起来，让学生从已有的生活经验出发，选择学生熟悉的事物，为学生创设熟悉的生活情境，让学生在具体的情境中学习、体验和理解生活，更重要的是，要让学生感受到作文与生活之间的密切联系——作文无处不在，生活中处处都有作文，从而让学生从生活中的所见、所想、所感出发写出表达内心感触的作文。

谢文东非常重视阅读，他认为阅读是写作的基础，有了阅读的输入，才会有写作的输出。学生必须掌握一定的阅读方法，并大量阅读，之后才能顺利写作。因此，他常常鼓励学生多进行课外阅读，不要只局限于语文教材。他还重视朗读这种阅读方式，认为朗读有助于增强学生对语言的感受能力，反复朗读能帮助学生品出作品的优劣，深入理解文章的内容，体味文章蕴含的思想感情，提高评赏作品的能力。他要求学生朗读时要做到“四到”，即心到、眼到、口到、耳到，力求提高学生的阅读水平。除了朗读，谢文东还注意培养学生的自主阅读，他告诉学生在阅读过程中如果遇到疑难问题，应先自己查阅资料，做到边阅读边思考边查阅；阅读时注意力要集中，要顺读，不要回读，要主动筛选有用信息，进而提高阅读效率。为了让学生可以读到更多的书，谢文东慷慨地分享了自己的私人藏书给学生阅读。不仅如此，他还在班上办“图书角”，号召学生与班上其他同学分享自己的图书，进行资源置换，从而做到有书共读，共同进步。

另外，教师对学生的评价也非常重要。小学生的学习能力有限，心理承受能力也比较弱，若经常被责怪和批评，其学习的积极性会大大降低；相反，小学生的努力如果得到教师的认可，他们的自信心就会大大提高。谢文东根据小学生的心理特点，精心设计了一套作文评价机制。每一次写作，他都会从学生的作品中选出几篇优秀作文贴在教室的墙上，一是供大家一起学习交流，二是以示表扬。被选中作品的学生会感到非常自豪，也会更有信心、更有动力写出更好的文章。

陶行知先生的生活教育理论指出“生活即教育”“社会即学校”，谢文东的生活作文教学就真正地将学习活动拓展到了社会、大自然中，生活化的课外活动既可以巩固和拓展学生在课堂上所学的知识，又可以培养学生的创新思维和实践能力，可谓一举多得。

二、让研究更本土化

自20世纪90年代以来，科技发展日新月异，全球经济一体化的进程不断加速，为了更好地应对挑战，各国纷纷把教育改革作为提高国民素质、增强综合国力的重要途径。例如，美国、法国等国家开始大力提倡“问题/项目为本学习”“有指导的个人实践活动”等学习方式；日本的新课程体系专门设置了“综合学习时间”，鼓励学生进行跨学科、综合性的学习。看似不同的学习方式，实际上其基本内涵都是一致的，即都主张学生以一个问题作为学习的起点，自己拟定探究主题、设计探究策略与方法，然后进一步搜集资料、分析资料并得出结论，它强调学生通过探究主动获取知识、应用知识、解决问题和表达学习的感受。探究性学习正在逐渐成为教育领域中的一个世界性主题。在这个背景下，谢文东以本土文化为出发点，以课题研究为载体，在小学六年级成立了“本土文化研究班”，开展了形式多样的“本土乐”活动，组织学生在教师和家长的指导下对湛江的美食、古建筑、红土文化进行了一系列的探究性学习。

（一）舌尖上的湛江

经过漫长的社会发展与时代变迁，不同地域逐渐形成了有别于其他地区的特色地域文化。其中，就包括饮食文化。饮食文化是人类社会发展过程中关于食物需求、生产和消费方面的文化现象，与人们的生活息息相关。对湛江美食的研究，有利于学生深入了解湛江的饮食文化，在培养学生研究能力的同时还能培养他们对家乡的热爱之情。

“舌尖上的湛江”以湛江美食为主题，由七大部分组成，分别是湛江饮食风俗的形成、湛江饮食特点、湛江饮食习惯、湛江风味食品介绍、湛江的饮食传说、湛江美食一览表和湛江饮食指南。学生主要通过实地走访调查、搜集湛江本土美食的图片资料、上网查找资料等方式对湛江本地饮食文化进行了解，并通过摄影、绘画、写作等方式对湛江美食进行展示，从而传承湛江美食文化，增强自身的自豪感。不仅如此，谢文东还鼓励学生充分挖掘家乡的特色美食，撰写探究报告，并将其制作成微电影在学校播放展示，以此来表扬和激励学生。

参与这样的探究性学习，学生不仅对湛江的饮食文化有了更深入的了解，还大大提高了发现问题和解决问题的能力，而且在探究过程中增强了合作学习的意识和人际交往的能力。

（二）静听流年的声息

位于中国大陆最南端的湛江是一座美丽的海滨城市，赤坎区为湛江市市辖区，它早在秦代就已经存在，至今已有几千年的历史，有着丰富浓厚的文化底蕴，其古建筑更是具有非凡的历史意义。对赤坎区古建筑进行探究性学习，有利于学生深入了解湛江的历史文化和建筑文化，还能引起大家对保护古建筑的重视。

“静听流年的声息”以湛江特色古建筑为主题，由三部分组成：第一部分是重返古建筑，倾诉旧时光；第二部分是参观与感想；第三部分是精彩回顾。学生主要通过调查问卷、实地调查和查阅资料等方法来研究湛江特色古建筑存在的意义和对其进行保护维修的意义，从而体会湛江市赤坎区古建筑存在的价值。

通过探究性学习，学生不仅加深了对湛江古建筑及其所承载的历史的了解，增强了对家乡的热爱之情，还锻炼了查阅、搜集、整合资料的能力，提高了团结协作的能力。

（三）湛江红土文化之海韵文化

湛江，旧称“广州湾”，南濒南海，隔琼州海峡与海南省相望，西临北部湾，背靠大西南，东与茂名市相连，是中国内陆地区通往东南亚、欧洲、非洲和大洋洲航程最短的港口城市。由于特殊的地理位置，湛江文化也属于南海海洋文化的范畴，秉承了南海海洋文化外向性、开放性、崇商性、冒险性、多元性、兼容性等特点，甚至其表达方式也显得更为丰富和浓烈。湛江人因长期受这种开放、博大的文化熏陶，具有了勇敢、正义、进取、豪迈和宽容等美好品格。对湛江海韵文化的研究，有利于学生深入了解南海海洋文化，加深对海韵文化的认识。

“湛江红土文化之海韵文化”以海韵文化为主题，由八个部分组成，分别是湛江简介、许爱周先生的海之缘、跳水文化、海鲜之都、海上龙舟、湛江八景、海港文化和敬海扬善。学生主要通过实地调查、互相研讨等方法进行研究，向人们展示了湛江浓厚的海韵文化。

通过探究性学习，学生不仅了解了丰富多彩的湛江海韵文化，更加为自己的家乡感到自豪和骄傲，通过团队合作明白了团结就是力量，还在整个合作研究的过程中收获了友谊和克服困难的勇气。

（四）走进湛江节日文化

湛江的雷州半岛，地处中国大陆最南端，其历史悠久，文化璀璨，从形状上看犹如一条巨龙冲向太平洋，气势磅礴，令人震撼，又因古雷州而得名，与山东半岛、辽东半岛合称“中国三大半岛”，它既是雷州民系的根据地，也是雷州文化（湛江文化的重要组成部分）的发祥地，并以雷州方言、雷神雷祖、雷州换鼓、雷乐雷菜、雷歌雷剧、雷州石狗、醒狮、人龙舞等诸多文化内容为载体，构建出了独特的人文体系。然而，当今的小学生对湛江的这些传统文化、传统节日知之甚少，通过对湛江节日文化进行探究性学习，能够让小学生走进传统节日文化，增强对传统节日的认知和理解。

“走进湛江节日文化”以湛江特色节日为主题，由两个部分组成，分别是关于湛江年例的调查研究和关于中秋东海人龙舞的调查研究。学生主要通过查找文献、互相研讨等方法了解传统节日的起源、发展和现状，以更好地传承和发展传统节日。

通过探究性学习，学生加深了对湛江的过去和现在的了解，对湛江的节日文化也有了不一样的认识和体会。最后，他们还向有关部门递交了调研报告，为保护湛江年例、人龙舞等非物质文化遗产做出了贡献。

生活与语文就像光和影子，是永远不可分割的。谢文东始终将语文与生活联系在一起，让语文学习更有生活味。

第三节　突破：让儒雅教育开花结果

一、儒雅教育体现素质教育

1999年6月发布的《中共中央、国务院关于深化教育改革全面推进素质教育的决定》文件中明确指出："实施素质教育，就是全面贯彻党的教育方针，以提高国民素质为根本宗旨，以培养学生的创新精神和实践能力为重点，造就'有理想、有道德、有文化、有纪律'的、德智体美等全面发展的社会主义事业建设者和接班人。"这为持续了20多年的对素质教育的讨论做了科学的总结。素质教育不是解决当前教育困境的处方，也不是一种教育模式，而是一种科学的理念和教育方针。实施素质教育需要转变教育观念，树立正确的教育观、人才观、学生观和质量观。谢文东是实施素质教育大军中的一员，他的灵感来自中国传统文化。一直以来他都对中国传统文化有着不一样的情怀，他热爱源远流长而又博大精深的传统文化，同样也希望学生能够在语文课堂上感受中国传统文化的魅力，汲取优良传统文化中的智慧，成为一名儒雅学子，而这一理念与近年来逐渐全面推行的素质教育立德树人的精神实质是一致的。

看书和写诗一直是谢文东的两大爱好。在遂溪师范学校读书的时候，他就非常喜欢中国文学，爱写现代诗，还经常参加诗会活动。毕业后到文保小学这一乡村小学任教的那段时间里，由于乡村生活比较简单，再加上学校的学生晚上不用自修，他可自由安排的时间比较多，这些时间也大多被他用来看书和写诗了，而对中国传统文化的了解和热爱也是从那个时候开始生根发芽的。让谢文东感到惋惜的是，在全球化进程日益加快的现代社会，随着外来文化的渗透，越来越多的国人热衷于外来文化，反而对中国传统文化的关注程度大大下降了。作为一位中国传统文化的爱好者和受益者，他深刻地认识到学习中国传统文化对学生的重要性以及教师在弘扬中国传统文化中的重大使命。

凡事不可能是一蹴而就的，更何况要在契合素质教育理念的基础上探索符合中国传统文化传播需要的教学模式本就不是一件容易的事情，所以，谢文东做好了打"持久战"的准备。在这个探索的过程中，谢文东遇到了很多困难和阻碍，经过多次探索和实践，他从古诗文中找到了突破口，总结出一种形式可行、效果明显的教学模式，这是儒雅教育成型前最初的探索。

《义务教育语文课程标准（2011年版）》明确指出，教师要使学生“认识中华文化的丰厚博大，汲取民族文化智慧，关心当代文化生活，尊重多样文化，吸引人类优秀文化的营养，提高文化品位”。古诗文主要是指中国古代的诗歌和散文，是中华文化的重要部分，每个中国人都应该学习优秀的古诗文，理解古诗文中的精髓，吸收其中的文化内涵。小学教材选编的古诗文，集语言美、思想美、形式美于一身，是对学生进行审美教育的重要载体，也是学生学习中国传统文化的重要途径。

谢文东以古诗文作为传播中国传统文化的切入口，从创设文化情境、深挖教材的文化内涵和拓展学生的经典阅读三大方面进行了创新与实践。

创设文化情境包含四个板块。一是教室情境创设，主要是在教室的墙壁上张贴古代名人的画像和书法家写的名言警句，在黑板报上设立“民族文化快餐一角”，等等；二是导语情境创设，主要是语文教师根据教材内容选择相关的名言警句、诗词歌赋、传说故事等设计课堂导语；三是课前五分钟情境创设，主要是语文教师利用上课前五分钟让学生自主选择自己喜爱的中国传统文化来学习；四是音像情境创设，主要是利用音乐和影像等教学媒体创设文化情境，让学生在耳濡目染中感受中国传统文化的博大精深。这四个板块的文化情境的创设，有利于在潜移默化中激发学生学习中国传统文化的兴趣，丰富他们对中国传统文化的认知。

深挖教材的文化内涵主要是从五个方面入手。一是从课文的注释和阅读提示入手，挖掘相关的中国传统文化常识；二是从课文内容的主题入手，挖掘优秀的思想内容和传统美德；三是从课文的故事情节入手，挖掘课文中的文化内涵，让学生在特定的历史背景和人物命运中感悟人生；四是从课文词句入手，挖掘相关的中国传统文化背景；五是从课文插画、课后习题入手，挖掘中国传统文化的意趣，激发学生学习中国传统文化的好奇心。

在拓展学生的经典阅读方面，谢文东举办了盛大而隆重的为期一个月的古诗节活动。一系列与古诗文有关的活动贯穿始终，除了诵读表演之外，还有征文比赛、诗文图展、古诗文朗诵比赛、古诗文课堂教学观摩研讨活动、“诗韵飘香、感动心灵”古诗晚会和诗文游园活动等。别开生面的古诗节活动吸引了很多其他学校的教师前来观摩、学习，还引起了市教研室、区教研室的关注。经过全校师生的共同努力，这个活动最终取得了显著的成果：2007年到2009年，湛江市第六小学[①]相继被评为首批“中华经典诗文诵读实验特色示范校”、广东省首批“书香校园”、广东省“校本研修示范校”、湛江市“校本研修样板学校”，谢文东本人也被评为“推动经典诵读突出贡献校长”。谢文东开展的这一系列别开生面的活动，不但使学生养成了吟诵古诗的良好习惯，拓展了他们对中国传统文化的认识，而且提高了学生自身的审美情趣，增强了他们的文化底蕴，更使课堂成为弘扬中国传统文化的阵地，很好地践行了素质教育。

二、儒雅教育为素质教育提供新思路

2011年5月，谢文东调任湛江市第八小学校长，他始终贯彻着“国学为本，儒雅成才”的教育主张：一方面他要求提高教师诲人不倦、儒雅通达的教学意识和教学能力，另一方面他要求培养学生学而不厌、雅而善思的学习风貌以及“腹有诗书气自华”的文雅气质，为学校的素质教育开辟了新的道路。

《现代汉语词典》（第7版）对“儒雅”一词有两个解释：一是学问精深，二是气度温文尔雅。在谢文东看来，这两个解释是相通的，学问精

① 谢文东于2006年开始担任湛江市第六小学校长，古诗节活动在这里举办。

深是内在修养，只有学问精深，才能真正做到气度温文尔雅；气度温文尔雅，则是学问精深的外在表现。在谢文东的理论构想中，儒雅教育是指通过以人为本的教育，以打造儒雅教师和儒雅学子为目标，培养外表优雅、内涵博雅、谈吐文雅、举止典雅和气质高雅的人。儒雅教育是一种多元整合的融通教育，集传统、现代于一体，并中西结合。教师在课堂上可以灵活采用各种教学方式，也可以自主创新教学方式打造儒雅课堂；学生通过参与儒雅课堂活动，形成学而不厌、雅而善思的学习风貌，可提高学习效率，提升核心素养。自2012年谢文东提出“儒雅教育”这一概念以来，儒雅教育不断被深化，渐渐被概括为“四字要求”，即“和、活、实、新”。

“和”是指和谐、协调一致。“和”的儒雅课堂主要包含三个方面。一是教师的教与学生的学要和谐。教师备课应根据学生的知识能力和认知水平来确定教学起点，教学要做到以生为本，要引导学生主动参与课堂学习。二是教师的体态和教学语言要和谐。和谐的体态要求教师穿着得体、端庄大方、可亲而又不失严肃；和谐的教学语言要求教师能够抓住学生的注意力，传授知识，交流思想感情。三是教学实践安排要和谐。主要是处理好教学与实践活动时间的分配，以及平衡好课堂教学与课堂管理的时间，力求实现教学效益最大化。

“活”是指活力、活跃。“活”的儒雅课堂是有活力、有氛围的生命课堂，要求教师有着较高的驾驭课堂的能力。首先，教师要制订“活”的教学目标，对不同学生进行“私人订制”，变含糊为明确，变静态为动态；其次，教师要选择“活”的教学内容，运用多种媒介把生活中的鲜活题材引入教学大课堂，通过多种教学方式的运用，如情境教学、故事教学等实现灵活的课堂，同时，在教学过程中遵循应用性和趣味性相结合、思考性与开放性相结合的原则；再次，教师要组织“活”的教学过程，充分发挥学生学习的主体性，引导学生自主提出问题、探究问题和解决问题；

最后，教师要采用“活”的教学评价，如尝试采用学生自评、生生互评、师生互评等多种评价方式，以调动学生学习的积极性，使课堂气氛更加活跃。

“实”是指扎实、充实和平实。“实”的儒雅课堂实际上也是现代教师整体素质的一个体现。扎实是指教师的教学基本功要扎实，这是教师自身专业知识和技能的一个重要体现，这种基本功具体包括语言表达能力、板书设计能力、实验演示能力等；充实是指课堂内容要充实，要求教师在合理运用教材的基础上对教材进行再创造，使课程标准、教学内容与学生的实际情况有机结合，还要求教师科学合理地运用生活资源，为教育服务；平实是指课堂真实不造作，要求教师不要过分粉饰课堂，增加没有必要的设计，应去繁求简，立足平常课堂，回归平实自然。

“新”是指新意、创新。“新”的儒雅课堂就是充满新意和创新意识的课堂，要求教师以新的教育方式和方法来启发学生的思维，在课前、课中、课后都要有所创新。

谢文东认为，课堂“四备”是实现创新课堂的前提，它主要包括四个方面。一是备教材，教师通过研读教材，明确学科的教学任务，把自己的思想感情和教材的科学性、思想性融为一体，确立具体可行的教学目标。二是备学生，首先是根据学生的知识基础去分析教材的难点，以学定教；其次是了解学生对新课的要求和期盼，有针对性地进行教学。三是备设计，教师根据对教材和学情的分析，以课时为单位设计具体的教学方案。四是备资料，除了教材以外，教师还应准备与教学工作相关的教学参考资料，如教学参考书、教学报刊资料和教学专著资料等。

课堂是教学的关键，谢文东强调课中要“两关注”。一是关注学生参与课堂学习的有效性。首先，教师要了解学情，为学生参与学习设立合理的教学目标并提供必要的帮助；其次，教师要强化学生的参与意识，主动为学生参与教学创设条件，鼓励学生多动手操作、多动眼观察、多动脑思考、多动口表达；最后，教师的教学要面向全体学生，让每一个学生都参与其中。二是关注教师调控课堂教学的有效性。教师应善于根据教学内容和学生的承受能力合理地调整课堂教学节奏，及时吸引学生的注意力并调动学生学习的积极性。

教师在课后则应注重反思，也就是对整个教学设计与实施过程进行回顾与总结，并将经验、教训和体会记录下来，具体包括成功与失败之处、瞬间的灵感与学生的独特见解，进而对教学内容进行再设计，最终达到“经验+反思=成长”的目的。

在儒雅教育这一核心理念的引领下，全校师生精神面貌焕然一新，学校“建设文化八小”取得了丰硕的成果：2012年以来，学校相继被评为“广东省青少年科学教育示范学校”“广东省诗歌教育示范学校”“全国优秀家长学校”“中国少年科学院科普教育示范基地”“全国国防教育特色学校”“全国首届文明校园”。全校教师不仅教学能力、学习热情得到了提升，科研能力也得到了极大的提高。

德国著名哲学家雅斯贝尔斯说：“教育的本质意味着：一棵树摇动另一棵树，一朵云推动另一朵云，一个灵魂召唤另一个灵魂。”谢文东一路走来，就好像一阵春风，他以亲切温和的力量吹拂了身边的每一个人，引领着大家成为更好的自己，走向更好的未来。

第五讲　谢耀丰：守正与变革

第一节　迷茫与探索

一、塞翁失马，焉知非福

1985年，谢耀丰就读于广东省湛江市遂溪师范学校。那时的遂溪师范学校还是一所中等师范院校，毕业生的工作都由学校分配，算是对优秀人才的一种优惠政策。

当时，还有一年就要毕业的谢耀丰，碰上了一件事：学校有三个市属单位工作名额落在他们班。如果争取到，就意味着他只需要到农村小学锻炼两年，便可以到市属单位工作，这无疑是一个不错的机会。因为当时即使是分配的工作也是存在优劣之别的。争取这些名额的毕业生必须具备一个前提条件，那就是在校期间必须连续三年被评为“三好学生”。当时，谢耀丰的成绩一直在班里名列前茅，前两年均被评为“三好学生”，如无意外，接下来的一年，“三好学生”依然会是他的囊中之物。

偏偏天意弄人，就在这关键的一年，谢耀丰患上了神经衰弱。他不仅上课时注意力不能集中，经常走神，就连平时的生活也受到了影响。在医生的建议下，他选择休学一年。这次休学，意味着谢耀丰将失去获得这次学校分配工作的机会，但俗话说得好，“塞翁失马，焉知非福”。休学对于谢耀丰而言，有失亦有得。在这休学的一年中，谢耀丰彻底想清楚了学习对于自己人生的意义。他决定调整心态，褪去浮躁，回归本真，重新出发。

谢耀丰从遂溪师范学校毕业后被分配到了在郊区的龙舍小学（现为龙光小学）任教。那时的龙舍小学是一所远离市区的乡村小学，他每天都要踩着二八自行车往返于学校与家之间，一人一车，一踩便是数年。这期间，由于工作的变动，谢耀丰辗转于几所学校。虽然龙舍小学数学教师的身份谢耀丰只保持了两年，但是这两年的任职经历却令他终生难忘。

> 那年毕业后，是由教办管理分配工作的。一共有三所学校可供选择，教办根据每个人的住处与学校间距离的远近进行分配。几个同学分配下来，大家的往返路程都差不多，所以彼此间也没有什么不服气的。我当时是自己一个人住，因为学校比较偏远，从学校放学回家后，还要买菜做饭，那个时间基本上就买不到什么菜了，只能凑合一顿。

在龙舍小学工作已经是很久以前的事情了，但谢耀丰每每想起，仍深有感触。就是这么一所有些简陋的乡村小学，见证了谢耀丰初为人师的混乱、焦灼：一名年轻教师，曾经茫然又不知所措地站在三尺讲台上；也见证了谢耀丰为人的谦逊与努力：一名年轻教师，为了让同行认可、学生尊重，常常挑灯夜战、坚持学习。龙舍小学于谢耀丰而言，是懵懂，更是成长。

二、交往与教学的双重尴尬

（一）“小魔王”的转变

毕业前，谢耀丰对未来的教师生涯有着美好的憧憬：师生相处愉快，工作得心应手。但事实上，当他满怀热情地向生活敞开怀抱时却被现实泼了冷水。

遂溪师范学校三年系统的学习让谢耀丰时刻谨记自己肩上育人的重任。任教的第一年，虽已为人师，但那时的他也不过是个刚过弱冠之龄、正值青春年华的年轻人。面对班里处处挑衅新教师，绞尽脑汁与他作对的调皮学生时，谢耀丰一时不知道该怎么办。因此，比起教学上的困难，谢耀丰作为新手教师，最迫切的是需要学会如何与小学生打交道，尤其是如何与调皮学生相处。

谢耀丰在龙舍小学的第一个身份，是四年级（1）班的数学教师。与学生第一次见面时，他便察觉到了这个班的与众不同。颇让他意外的是，这个班级的核心领导人物——班长，居然不是一名品学兼优的学生，而是一位出了名的“小魔王”。但就是这样一个不服管教的“问题学生”，在班中却有着常人所不能及的号召力，班中绝大部分学生都表示愿意听他的话，这也是该班班主任宁愿舍弃听话的优秀学生而让这位“小魔王”担任班长的原因。

谢耀丰渐渐发现，即使作为班长管理着一个班，“小魔王”对自己的要求并不严格，颇有一种严于待人、宽于律己的感觉。最常见的便是他带头在课堂上说话。谢耀丰几次以眼神警告后，“小魔王”依旧我行我素，甚至大有“你奈我何”的蔑视感。有一次，谢耀丰终于按捺不住心中的火气，当众批评了正在与同桌讲话的“小魔王”。这一次的批评成了两人“战争”的导火索。从那以后，对谢耀丰怀恨在心的“小魔王”经常集结班里一些同学在课堂上与谢耀丰作对，还指使同学在背后给他起绰号，经常对他以绰号呼之。

学生恶劣的态度与捣乱的行为给谢耀丰带来了很大的困扰。这一天，“小魔王”再次在课堂上无理顶撞谢耀丰，谢耀丰心想，该给这个学生一些“苦头”尝尝了。本着给他一个“下马威”的想法，谢耀丰狠狠地将他拽出了教室，让他罚站。但是没想到，“小魔王”这次也是“有备而来”——看着怒火中烧的谢耀丰，“小魔王”立刻摆出一副打架的姿势，反手便给了谢耀丰一拳。谢耀丰完全没想到学生竟然敢动手打老师，众目睽睽下的他深觉自己作为教师的尊严受到了侵害。因为年轻气盛，又是第一次面对这样的突发事件，极度气愤的谢耀丰失去了往日的从容，一下子推倒了“小魔王”。最后，由校长出面协调，才平息了这件事情。

作为一名年轻教师，由于处理师生间冲突的经验不足，是很容易被学生激怒而忘记自己教育者身份的，我也一样。当时我觉得自己当众被学生打这件事有失面子，所以我表现得很气愤，也因为年轻气盛，一时没控制好脾气便也对学生动了手。我知道，这可能是每个新手教师都会面临的问题，但这是非常不理智的行为，也是新手教师不成熟的一种表现。后来经历得多了，我也学会了控制自己，且能冷静地尝试多角度看待和处理这些问题了。

尊敬师长固然是每个学生都应遵守的基本礼仪，但爱护学生也是每个教师必备的基本素养。这件事情发生后，校长与谢耀丰促膝长谈，谢耀丰深刻地认识到了自己的错误。但是即使明白自己的问题所在，他还是未能找到有效解决和避免师生课堂冲突的方法。看着其他教师总能与学生打成一片，谢耀丰别提有多羡慕了。该怎么办呢？他决定向有经验的老教师“取经”。

当时学校里的教师多数是民办教师。很多教师同时也是住在村里的村民，他们有着二十几年的教龄，对每个阶段学生的习性都非常了解，对付不同类型的学生也都有自己的一套方法。在经过对几个教师与学生的相处模式的观察以及与教师们聊天后，我发现，其实想要与学生相处融洽，哪有什么了不得的秘籍，靠的不过是教师的一颗真心罢了。

每个孩子都有着自己丰富的内心世界，作为小学教师，其工作正是在孩子的世界中进行的。古人常说："人之相交，贵在交心。"教师作为学生人生路上的引领者与促进者，真正走进学生的内心是一切教育的基础。因此，教师要想开启学生的心灵之门，就必须先学会蹲下身子，靠近学生，以他们的视角看待这个世界。

与学生交心，是谢耀丰从老教师那里获得的最好经验。只有真诚地与学生交流，处处为学生着想，替学生排忧解难，进而建立互相信任的师生关系，学生才会服从教育，教师的一切苦口婆心的劝导才能达到效果。那么，如何才能拉近与学生之间的距离呢？既然想进入他们的世界就应该先让自己变成一个孩子。谢耀丰认为，作为教师只有放下自己长者的身份，降低高高在上的姿态，才能站在学生的角度，真正做到将心比心地处理问题。而当教师尝试以孩子的眼光看待他们有些荒唐的言谈举止时，就会发现其实并没有那么"罪无可恕"。

在谢耀丰想通这一切时，班中突然发生了一件大事——"小魔王"生病了，要请近一周时间的假。谢耀丰立刻意识到这是修复师生关系、拉近师生距离的最好时机。考虑到"小魔王"生病在家可能会无聊寂寞的情况，谢耀丰便组织了几个平时与他玩得好的学生放学后到他家中看望。"小魔王"病愈回校后，谢耀丰又每天抽时间单独为他补习落下的功课。渐渐地，谢耀丰明显感觉到了"小魔王"的转变——他由一开始的充满抵触到后来的主动问好，这一切都预示着事情正在往好的方向发展。谢耀丰很欣慰，同时更加坚定了转化"小魔王"的决心。最后，在谢耀丰的帮助下，"小魔王"不仅慢慢改掉了很多坏习惯，而且端正了学习态度，爱上了学习，在期末考试中各科成绩均取得了很大的进步。

我常听到教师抱怨说现在的学生难教，和学生谈心的时候，自己说得口干舌燥，学生却是左耳进右耳出，过后照样我行我素。究其原因，恐怕就在于教师们虽有心谈心，却无意交心。谈话中的肺腑良言固然是重要的，但如何让学生听进去才是作为教师最应该考虑的。我们都知道良言入心才能产生效应。当学生在生活中真切地感受到来自教师的关爱时，教师的批评建议与严格要求自然就会被他们接受，要想转变他们的不良行为也就不是难事了。

自此，不管是成绩优异的学生，还是令人头疼的学生，谢耀丰都坚持一视同仁。在始终保持一颗童心的前提下，谢耀丰终于实现了自己最初的师生相处融洽的愿望。

（二）教学规划的困惑

作为一名新手教师，除了不擅长与调皮学生相处外，谢耀丰还面临着另外一个大问题——课时安排不恰当，教学内容不能如期结束。尽管谢耀丰在日常的相处中已经渐渐取得了学生的信赖与认可，让学生喜欢并愿意跟着他学习，但一个连基本教学内容都不能按时传授完毕的教师，是无论如何也称不上是一个合格教师的。

新学期伊始，学生们总会被要求为本学期制订自己的学习计划。学生都要做学习计划了，教师还需要做教学计划吗？答案是肯定的。只有严谨的计划才能铸造美好的未来。如果说，学生要考虑自己怎么学习，那么教师就应该考虑自己该如何在有限的课时内进行行之有效的教学，而这一切都是建立在明确、具体的教学计划之上的。这对于刚刚走上讲台的谢耀丰来说，无疑是一个巨大的挑战。

任教第一年，在教学上我遇到的最大问题是到了期末我的新课居然还没有上完，更别提给学生上额外的复习课了。这也直接导致学生们在那学期的期末考试中，数学普遍考得非常糟糕。学期结束后，我花了很长的时间进行反思。我发现自己在备课和上课这两方面做得都不够好。首先是备课。我的教学计划制订得并不完善。备课的一个关键前提是教师要明白单元或课时教学内容在整本书中所处的位置与所起的作用，然后才能初步设定教学目标和教学内容。这就需要教师静下心来，认真研读教材，把握编者意图。教学计划的缺漏，其实也反映出了作为新手教师的我工作计划性不强的毛病。再者就是上课。因为经验不足，我的课堂预设性较强，不能根据课堂上学生的表现灵活修改授课内容，更不敢随意在课上更改教案。我们都知道，课堂教学既要注意教学任务的完成，也要对课堂进行有效的管理。而课堂管理能力与应变能力的缺失也导致我的教学任务不能按计划进行。本来只需要一个课时就可以结束的内容，我往往会花两到三个课时的时间。

第一学期教学规划不当的教训让谢耀丰深刻意识到了自己的不足，第二学期他再也不敢如此行事。他不仅在集体备课后自己再进行二次异构，使教案尽可能“量生打造”，而且在课堂上更加注意时间管理，教学前松后紧的问题总算是顺利解决了。

三、青出于蓝，而胜于蓝

作为一名新手教师，要想快速提升自己的专业水平，最好的方法便是观摩和分析优秀教师的教学活动，谢耀丰也不例外。

同样身为数学教师，谢耀丰发现校长总能将数学课上得如鱼得水，令学生流连忘返。校长到底有何过人之处呢？谢耀丰决定以听课的方式一探究竟。校长得知谢耀丰这一想法后，热情欢迎他前来观摩，并有意栽培这位有上进心的年轻人。

观摩几周后，谢耀丰终于发现了校长的秘密武器——趣味性，校长正是以生动有趣的教学紧紧地抓住了学生的注意力。在课堂中要想将学生的注意力长时间集中于学习，这无疑是很困难的。如何有效地将学生逐渐游离的思绪重新拉回课堂呢？校长采取了讲故事的方法。在这个世界上，任何人都不会拒绝精彩的故事，就更别提一群对世界充满好奇心的小学生了。校长善于根据学生的情况，讲一些充满趣味性的故事，提出一些有趣的问题。这不仅成功吸引了学生的注意力，还提高了学生参与学习的积极性。

校长的教学方法很有效，可并不是人人都适用。阅历不如校长丰富的谢耀丰，绞尽脑汁想出来的故事也就那么几个而已，且还是老掉牙的故事，说出来自己都嫌枯燥无味，就更别提吸引学生了。但条条大路通罗马，既然讲故事这条路走不通，谢耀丰便决定换一条路——提问。讲故事的方法要求教师在课堂上拥有灵活的应变能力，且对各种故事信手拈来，这并非一朝一夕就能练就的功夫。可好的提问则可以在课前进行精心设计并反复修改。谢耀丰认为一堂好课，提问引思很关键，这个问题不仅要引起学生的兴趣，更重要的是要引起学生对问题的思考。

谢耀丰经过自己的一番思索与探索，另辟了一条小路——以课堂评价调动学生参与的积极性，而这种课堂评价措施根据的就是小学生主要表现出来的两方面的学习特征：一是小学生希望得到教师的赞扬与父母的夸奖，所以他们很在乎教师或父母的态度，此时课堂评价作为一种反馈信息，就会对学生学习动机的增强或削弱起着至关重要的作用；二是小学生在这个年龄段是难以深刻理解学习的意义的，比起学习的内容，他们对学习的形式明显更感兴趣。谢耀丰在进行课堂评价时就会根据学生是否积极思考问题，是否积极回答问题，有无提出疑问，有无参与讨论等情况进行评价，一周后进行小结，并对表现优秀的学生进行积分奖励，例如，评选“本周提问之星”“本周最佳思考者”等，还为获奖者颁发奖状、发放小奖品等。

“千里之行，始于足下。”从此，“激趣引思”作为谢耀丰对课堂教学的深刻领悟，贯穿于他的整个教学生涯。就这样，谢耀丰在不断实践、不断反思、不断改进的道路上，不知疲倦地砥砺前行着。

第二节 进取与追求

一、且行且思

美国著名心理学家波斯纳曾提出过教师专业化成长的公式：经验+反思=成长。该公式清楚地揭示了反思在教师专业化成长过程中的重要意义。

1989年，谢耀丰被调到湛江市民安中学教物理，从教数学到教物理，从教小学生到教初中生，这巨大的转变促使他不断地努力。

谢耀丰认真地去了解学生，创新物理教法，在一年的时间内当上了物理科组组长，但他毕竟是一个青年教师，缺少经验，需要学习的地方还有很多。

青年教师和老教师相比，虽激情有余，但经验不足，常常不能很好地掌控课堂、组织教学，所以向有经验的老教师请教就很有必要。年轻的谢耀丰正是想到了这一点，才没有因为自己是组长而骄傲自满，反而更加虚心地向有经验的老教师请教。因此，谢耀丰一有空，就提着板凳，拿着笔记本到老教师的课堂上去听课。

我当时教物理的时候，虽然学生的成绩有进步，但镇上一统考，和总体水平的差距就凸显出来了——我们班的物理成绩还没有达到平均水平。所以我开始反思，反思自己的教学设计，反思自己的教学行为，一有时间，就会拿着板凳和笔记本，到有经验的教师的课堂上听课，吸收他们好的经验。另外，我也会邀请老教师到我的课堂上听课，请他们对我的课堂进行“诊断”。课后我还和同行不断地交流、探讨，虚心接受他们的意见和建议。

当然，仅仅听别人的课和请别人来评课，是远远不够的。

听课，不能单纯地听，而要有目的地去听，带着问题去听。在上课过程中遇到有疑惑的问题，我都会记下来，然后到有经验的教师的课堂上去观摩，看他们是怎么处理知识点，怎么组织学生的。找到问题的解决方法后再到自己的课堂上去实践。听完一节课下来，我还会在脑子里回想，回想这位教师是怎么上课的。对于我脑海中印象最深刻的教学片段，我也会反复地去揣摩其中蕴藏的教学艺术。我会想：为什么这个教学片段会给人留下如此深刻的印象呢？这其中有哪些是值得我学习或借鉴的呢？

在不断地模仿以及与同行的交流中，谢耀丰学到了不少教学经验和教学技巧。他发现这些优秀的老教师有几个方面值得自己学习。首先是要充分备课。要上好一节课，认真充分地备课是必不可少的，在备课的过程中要反复钻研教材、教参，做到对教学内容了如指掌。备课不仅是备教材，还要备学生，这就要求教师在平时要关注到每一个学生，根据他们的实际情况给予针对性的指导。其次是要立足教材。老教师能够抓住重点，从低等或中等难度的题目入手，深入浅出，常常能达到良好的教学效果。最后是要温故而知新。复习旧知识、巩固新知识，是保证教学质量的基本途径，马虎不得。

学习老教师的教学经验，加上自己的理解和创新，谢耀丰的教学越来越得心应手，学生的成绩也不断提升。对于自己在教学上的进步，谢耀丰总结说主要源于“两心”，一是虚心，二是上进心。当一名教师，一定要有虚怀若谷的精神，虚心向他人请教，取他人之长，补自己之短，努力做到博采众长。时代日新月异，教师只有积极进取，才不会被时代抛弃，才会在教学上取得长远的进步。

除了思考以外，还要行动，我坚持既要做思考的“巨人”，也要做行动的“巨人”。因此，我会把有经验的教师的课和我自己的课进行系统的分析和比较，找出这个教师的课有什么优点值得学习，然后进行模仿，再对比两种教法有什么不同，找出差距。当然，学习优秀经验，并不是把个别教师的方法机械地搬到自己的教学中去，而是要移植其中的思想。如果只会盲目模仿，那么取得的进步肯定不大。即使是很有经验的老教师，即使他的课上得再精彩，也肯定会有不足之处，所以要辩证地去分析和判断，吸收他们好的方面，剔除不好的方面。我认为青年教师要想上好课，需要模仿，但更需要在模仿中创新，在模仿中超越。后来我把上课效果得到提升的方法归为八个字——“模仿—改进—升华—创新”。我在模仿的时候，会融入自己的理解，再考虑学生的实际情况，最终才会形成属于自己的教学风格。

二、敢为人先

（一）摸着石头过河

2001年，湛江市举行了第一届说课比赛。说课比赛在当时是一个很新颖的比赛类型，对此有所了解的教师屈指可数。那一年，已经有着十四年从教经验的谢耀丰凭借自己过硬的实力获得了第一名。为什么他能够在众多的优秀选手中脱颖而出呢？用谢耀丰自己的话来说就是摸着石头过河。

说课才刚刚兴起时相关的资料很少，再加上当时中国的网络技术并不发达，不像现在这样随时随地可以上网查找资料，所以，我并不知道真正意义上的说课是什么样的，也找不到有经验的教师请教。于是我就一个人单枪匹马地摸索，一有空就会四处搜寻有关说课的书籍、杂志，一边学习，一边准备比赛，摸着石头过河。白天需要备课、上课、改作业、辅导学生，再加上当时我是教务处主任，需要处理的事情特别多，所以我只好利用晚上的时间，沉下心来好好研究说课。当真正沉下心来做一件事的时候，就会感觉时间过得飞快，所以我常常一研究就研究到大半夜，有时甚至第二天清早醒来，怀里还抱着一本书。

正是这种敢于摸着石头过河的探索精神，不断鼓舞着谢耀丰勇往直前。尽管物质条件落后、工作繁忙，但他始终没有放弃对说课艺术的探索，他觉得这一切都是值得的。

（二）摘得桂冠

有人说，所有的成功，上帝早已在暗中标好了价格。成功越大，它的价格就越贵，需要付出的也就越多。

2001年，谢耀丰代表学校参加全区的说课比赛，获得了第一名。接着又代表全区参加全市的说课比赛，又获得了第一名。连获两个第一名，谢耀丰一下子有了些名气，开始被别的学校邀请去讲授说课艺术。

从众多高手中摘取桂冠，除了不断地潜心钻研、探索以外，谢耀丰还做了哪些努力呢？

最重要的是要有一颗爱心，爱你所教的学科，爱你的学生，只有心中有爱，才会静下心去苦苦地探索和钻研。得奖是次要的，重要的是在这个过程中，通过不断地探索，我不仅对物理学科有了更加深入的了解，对说课也有了更深的感悟。我之所以能在湛江市第一届说课比赛中取得不错的成绩，其中一个很重要的原因就是我比别人多了一点思考。我在备课的时候对于一节课怎么上，或者一个小小的知识点要怎么教，为什么要这样教，都会做很深入的思考，进而进行精心的设计。我不仅从多维的角度思考，还会用不同的方式及策略上某节课或教学某个知识点，有时候甚至连上课的风格都是迥异的，最后再比较学生学习的实际效果。综合比较后选择一种最适合学生的方式展开教学，教学质量自然而然地就提高了。

谢耀丰所说的“比别人多了一点思考”，虽然听起来只是轻描淡写的一句话，但其背后却是无数次伏案备课到半夜的付出。经历得足够多，付出得足够多，才能走在别人的前面，才能快人一步。

（三）辐射影响

由于是第一届说课比赛，很多教师对说课不熟悉，所以斩获全市物理说课比赛第一名的谢耀丰就成为大家请教的不二人选。

受到热情邀请的谢耀丰非常大气地表示：一枝独秀不是春，百花齐放春满园。他谦虚地说这只是自己的一家之见，所以更希望通过分享的形式，与各位同行交流、切磋，以求更大的进步。

谢耀丰认为一次好的说课，应该具有四个特征。首先，理念要先进，教育是“活”的，教育理念也一定要“活”、要新，这就要求教师多关注先进的教育理念，更新自己的教育思想。其次，理论要充分，一节课或者一个知识点为什么要这样上，要有扎实的理论支撑。再次，教法要明确。要根据不同的教学内容、学生不同的实际情况来备课，“对症下药”，这样才能起到事半功倍的效果。最后，演示要充分，一节课是怎么上的，要充分地演示给大家看。

谢耀丰对说课的见解很受大家的欢迎，不少教师听了他的讲解后都表示获益匪浅。

三、风格成熟

1998年5月，湛江市教育委员会明确提出课堂教学“精讲、善导、激趣、引思”的八字要求，从那时候起，谢耀丰就把这八个字当作努力的目标。经过二十多年的探索、实践和总结，他的教学风格逐渐成熟了起来，真正地做到了“精讲、善导、激趣、引思”。在他的课堂上，学生兴致高昂，积极思考，智慧的火花不时碰撞。大家爱上了物理学习，学习效率大大提高了。

通过不断探索、反思和总结，谢耀丰拥有了丰富的教学经验和较强的反思能力，形成了自己的教学风格。他表示，自己将来一定会且行且思，实现由实践型教师向研究型教师的转变，从而成为一名优秀的物理教师。

第三节　突破与引领

一、质的飞跃

时间如白驹过隙，不知不觉，谢耀丰已在人民教师的道路上行走了近三十年。这一路上，阴雨与阳光并行，汗水与幸福共存。他从一名普通的乡村小学教师，成长为教导主任，最后成为湛江市经济开发区东简中学的校长。随着职位的升高，他的责任也随之加重。除了常规的教学工作，作为一名管理者，他还必须处理大大小小的校务工作。尽管如此，他依然时刻提醒自己：自己首先是一名教师，然后才是一名管理者。他始终牢记教书育人乃教师的天职，并努力使教学与管理“双管齐下”。

为适应教育发展的新形势，2012年湛江市经济开发区提出了“觉民教育”的理念。觉民教育依托传统文化，以“明德、循道、正觉、悟民”为核心精神，以“天之生斯民也，使先知觉后知，使先觉觉后觉”为思想基础，以使人敏感、唤醒潜能、启迪智慧为主旨，致力开展“觉师觉生教育”。

2015年，为更好地打造觉民课堂，使觉民教育的理念深入人心，湛江市经济开发区教育局举办了“有效课堂，人人达标”课堂教学比赛。该比赛共分为三个部分：一是校长赛课，二是主任赛课，三是教师赛课。作为校长，谢耀丰当仁不让。经过充分的准备，教学功底扎实的谢耀丰在赛课中展示了精彩的一堂课。

高效的课堂教学是每个一线教师的共同追求，而要想获得高效的课堂，教师首先要确保教学设计的科学性与高效性。教学设计不仅承载着教师对教学目标的确定和对教学内容的选择，从深层次上说，它还应该蕴含着教师的教学理念与教学方法。只有以科学的、先进的教学理念贯穿课堂，指导教学行为，课堂才能真正具有高效性。

谢耀丰以“压强”一课参加比赛，较好地体现了觉民课堂开放、开发、开拓的特点。

首先是“开放”。德国教育家第斯多惠说：“教学的艺术不在于传授本领，而在于激励、唤醒和鼓舞。”这与现在所说的开放式课堂不谋而合。开放式课堂是学生自主发展的课堂，是学生成为学习主体的课堂。它强调学生在教师的引导下自主探究、自主发现和自主创新。谢耀丰采用开放的教学方法，努力让学生“动”起来。那么，如何做到让学生自觉地动口、动手和动脑呢？设置教学问题是关键。

在学生初步了解了压力的作用，也能识记压强的定义、计算公式及单位，但对压强概念的掌握尚处于浅层状态时，为了让学生更好地理解压强的概念，谢耀丰提出了一个关键的问题：为什么物理学上把物体受到的压力与压力面积的比值叫作压强？以此制造悬念，引起学生学习的兴趣，然后师生通过实验等方法解决这个问题。

其次是“开发”。学习“压强”一课，概念的理解与掌握是重点。如何开发学生智力，启迪学生智慧，是谢耀丰考虑的重点。他认为，以问题为支点推进教学进程最能培养学生的思维。这与支架式教学一脉相承。支架式教学要求教师根据学生的最近发展区为其搭建支架，达到引导学生自主学习、掌握知识的目的。那么搭建什么样的支架最合适呢？那就是问题支架。在教学“压强”时，谢耀丰设置的问题犹如黑夜中的明灯，以点成线，以线成面，逐步拓宽了学生的学习思路。

> 与传统的“满堂灌”不同，教师要学会将教学的知识点转化为一个个有价值、有科学性的问题。只有能够引起学生内部认知矛盾的问题，才能让学生在解决问题的过程中感知知识、领会知识和运用知识，最终完成自我构建知识的过程。因此，教师要善于根据学生的已有知识与基础，抛出具有梯度性的问题。

最后是“开拓”。少年是祖国的未来与希望，现代教育提倡人的全面发展，传统教育提倡的“两耳不闻窗外事，一心只读圣贤书”已明显不适应当今时代，所以开拓学生的视野很有必要，也越来越受到重视了。那么，在物理教学中如何开拓学生的视野呢？那就需要在物理教学中渗透日常生活知识。物理知识与日常生活是密不可分的，学生身边的许多现象都可以用物理知识加以解释。结合日常生活现象进行物理教学，不仅能增强学生将物理知识应用于日常生活、生产的意识，还能培养学生勇于探索物理现象的精神。因此，无论是提问还是实验，谢耀丰都以日常生活作为铺垫，引导学生观察生活，学习物理。

正是凭借开放、开发、开拓这三个特点，谢耀丰的“压强”课在教学比赛中获得了校长组特等奖。有专家对他的“压强”教学给予了高度评价：要问觉民课堂是一种什么样的课堂，谢耀丰校长的“压强”一课就是典范课，它真正诠释了觉民教育的理念。

二、科研的引领

教学和研究从来都是紧密结合的，苏联教育家苏霍姆林斯基说：“如果你想让教师的劳动能够给教师带来乐趣，使天天上课不至于变成一种单调乏味的义务，那么你就应当引导每一位教师走上从事研究这条幸福的道路上。”

谢耀丰从教几十年，积累了非常丰富的教学经验，对教育教学有着自己的思考。这使他从一个初出茅庐的新手教师成长为中学高级教师，被评为广东省优秀班主任、湛江市先进教育工作者、广东省“百千万人才培养工程”名校长培养对象、湛江市名校长培养对象。在此期间，他发表了多篇论文，出版了两本著作。除此之外，他还主持了广东省“十三五”规划课题“教育现代化进程中乡村学校校本课程：构建、研发与实施”、湛江市中小学“十二五”重点课题“学校教研制度建设和管理机制研究”、岭南师范学院课题“农村初级中学建立校本研修制度实践研究”等。

在众多的荣誉和光环面前，谢耀丰仍淡然处之。他说：“我从来没有想过评什么高级教师、先进教育工作者，我能做的，就是脚踏实地，好好教书。”

“脚踏实地，好好教书”，简简单单的八个字，是谢耀丰对教师这份职业的尊重，更是对学生的负责。多年来，他一直扎根在教学第一线，勤勤恳恳，兢兢业业。在多年的教学实践中，他且行且思。每上完一节课，都会进行深刻的反思，并常常发现教育教学中一些普遍的具有重要意义的问题。他决定对这些问题进行系统研究，以提高教学质量。他将教学与科研相结合，不断地发现问题，不断地解决问题，力求成长为研究型教师。

> 教学与科研是相互促进的，二者你中有我，我中有你。我们进行科学研究的内容，正是我们在教学中遇到的普遍的具有重要意义的问题，而科研就是为了解决这些问题，从而更好地提高教学质量。因此，只有积极地开展研究工作，把科研成果转化为教育实践，才能切实提升教育教学质量。自2015年参加了广东省中小学新一轮“百千万人才培养工程”名校长培训之后，我深刻地意识到科研对教学的重要性和对自身专业发展的非凡意义。从那以后，我才真正懂得科研的道路应该怎么走，这可以说是我专业发展上一个质的飞跃。通过培训学习，我真正懂得了如何研究问题，如何呈现成果，那就是把教育教学中遇到的问题变成课题，进行深入的分析、研究，再解决问题，形成经验，最后进行成果的推广。

通过几年的努力，湛江市中小学“十二五”重点课题“学校教研制度建设和管理机制研究”顺利结题。“农村初级中学建立校本研修制度实践研究”“教育现代化进程中乡村学校校本课程：构建、研发与实施”这两个课题还在继续研究，已取得阶段性成果。《校长智慧统筹的领导力》《乡村学校校本研修制度构建与实践探索》相继出版，并引起了较大反响。

近几年，谢耀丰先后赴美国学习、赴中国台湾考察，逐渐从实践型教师成长为研究型教师。他开阔了视野，增长了知识，对教育有了更深刻的理解，并有了与别人分享的想法。他曾到广东省茂名市、江门市，云南省昭通市等地方讲学，引起了强烈反响。他的讲学有利于促进教师的思考，使他们更好地发现问题、解决问题。在与别人分享的过程中，他自身也获得了专业成长。

这些都是很好的学习机会，能让我系统地反思自己的教学行为，反思自己的教学思想，反思自己的教学方法，促使自己不断地学习先进的理念，学习先进的教学方法。

坚守农村课堂几十年，在谈到教书育人的心得时，谢耀丰最大的感触就是：一个教师，无论专业能力有多强，影响力有多广，都要始终保持一颗纯洁的童心；当一个“大小孩”，用孩子的视野去看待问题，和学生成为朋友时，才能走进学生的心里，这也是成为一名好教师的关键。

第六讲　李观清：坚守与沉淀

第一节 教育艺术的探索

一、初为人师

2001年9月18日，18岁的李观清正式成为一名人民教师，开始站上吴川市浅水初级中学七年级（4）班和（5）班的讲台。那是一堂迟来的英语课，令所有人至今都记忆犹新。与任何一种想象中的开场都不同，学生看到的新教师是这样的：头戴鸭舌帽，绷带缠裹着的肥肿的左手挂在胸前，尚健全的双腿每迈出一步，都需右手扶墙借力。从教室门口到讲台，不过区区几步的距离，这位新教师仿佛走了一个世纪……李观清与学生的第一次见面，特别到让所有人都感到触目惊心，惊愕不已。

在开学前，李观清遭遇了一次严重的车祸。在那次事故中，李观清脑震荡、脑挫伤、右脑颅骨粉碎、血充脑，甚至选择性失忆。几经抢救，昏迷的她才苏醒了过来。而为了能站上讲台，根本不具备出院条件的她，在医院里忍痛学习走路，坚决要求出院。

虽然粉碎性骨折的左手不能动，受右脑颅骨粉碎影响的左脚行动不利索，但是李观清坚持要将第一堂课上完。得知眼前这个伤员正是自己的老师，即便再顽劣的学生也被李观清的坚强打动了，纷纷鼓起掌来。第一堂课的纪律格外好，但慢慢地，学生们爱玩、调皮的本性渐渐显露了出来。

作为新手教师，身体上的不适固然对教学有所影响，但最困扰李观清的是课堂管理。还是师范生时，她对如何管理班级、如何应对课堂突发状况、如何活跃教学气氛等，有过无数次的想象，但如今面对学生的好动不安，甚至调皮捣蛋，她显得力不从心，找不到解决的方法。教学管理的无力，教学技能的生硬，让她几乎整日生活在烦恼中，就这样她走过了从教的第一个年头。

现实与想象还是有很大出入的。还是师范生时我就想过如何活跃气氛、掌控课堂，结果到了现实中，我却力不从心。因为我教的其中一个班是基础班，基础班的课堂光是管纪律就要花费很长时间，不仅是在课前，课中也是如此。我想这也和学生的年龄有关。七年级的学生刚从六年级升上来，来到一个新的环境，出于对学校和新同学的好奇，他们完全坐不住。这也使我在从教一年的时间里很揪心，不断想着该如何“镇压”这群好动的学生。

为了更好地管理课堂，李观清不断地进行反思。她不仅站在自己的角度反思，也站在学生的角度反思。工作第一年时的她刚刚满18岁，比学生大不了几岁，年龄不占优势，娇小的身材更是没有什么震慑性。学生肯定会想：“我向你学习什么呢？你比我大不了几岁。”经过一年的思考，她发现与学生见面的第一堂课至关重要。这让她在第二年的第一堂课上决定只做一件事——师生“交换条件”。

我发现，每一学年的第一堂课是非常重要的。因为当时我没有经历过循环教学，除了任教的第一年在教七年级外，后来一直担任九年级的英语教师，所以每年都会接手一个新的班级。我认为教师第一次面对学生时不能太慈祥，不然学生会认为教师很好“欺负”，进而产生不尊重的心理，但这也不意味着教师就得板着脸，凶巴巴地对待学生，最佳的做法是在严厉中让学生感受到教师是为他们好，所以我的做法是先立规矩。我先说明在我的课堂上学生能做什么事，因为我是一个非常活泼的人，所以学生可以在我的课堂上唱歌、讲故事、玩游戏。学生很高兴，都惊讶地说英语课原来这么轻松。这时我又说了不能做的事，包括迟到早退、不遵守纪律、不按时完成作业、考试作弊等。只要大家遵守我的规定，其他的都可以做。当然，学生也可以向我提出要求，包括学习上和生活上的。简言之就是“交换条件”。

俗话说，好的开始等于成功了一半，但万事开头难。李观清认为，第一节课必须充分发挥“首因效应”。教育心理学强调：教师给学生的第一印象对教师威信的形成有重大影响。在拉近和学生距离的同时，规范学生的行为习惯也必不可少。她在第一次讲话中，不仅介绍了自己的情况，还讲了对学生的期望；不仅对学生提出了要求，还对自己提出了要求；不仅与学生“约法三章”，还让学生以主人翁的身份制订了班级规章制度。立好规矩，摆好底线，永远是新教师第一堂课不能忽略的任务。

1998年，李观清以吴川市第三名的中考成绩进入广东省外国语师范学校就读。三年后，她面临着抉择：是当翻译员，还是留在城市里当文员，抑或是回到家乡当一名乡村教师。在那个年代，英语是很吃香的专业，她可以有很多的职业选择。但她几乎没有犹豫就选择了回到家乡当一名乡村教师。当一名人民教师，一直是她的梦想，这受到了她母亲的影响。她的母亲曾经是一名乡村教师，后来由于搬家等原因失去了从教的机会，这成了母亲一生的遗憾。小时候，母亲总会抚摸着她的头，深情地说：“看着那些孩子慢慢长大懂事，学得又好又快，是教师最骄傲的时候。”每次说到这些，她母亲的眼中都闪耀着光芒。母亲的眼睛里藏着什么呢？年幼的李观清当时不明白，但这却在她幼小的心里埋下了将来当教师的理想的种子。当时还在念小学的李观清在一篇题目为“梦想”的作文里一笔一画、郑重其事地写下一句话：我想成为一名光荣的人民教师！2001年，李观清通过教师招考，正式成为吴川市浅水初级中学的英语教师，从此扎根在这片贫瘠的土地上。

2012年以前的浅水初级中学，是一所坐落于小山岗上的乡村学校。校园里仅有一栋四层高的破旧的教学楼和一条坑坑洼洼的校道。这一切让刚踏入校门的李观清内心涌上了一股凉意。学校除了教学环境简陋外，生活条件更是艰苦。学校位置偏僻，道路不通，生活非常不便。老鼠还经常到宿舍“串门”“抢食”，让大家防不胜防。集市上的菜、肉不仅种类贫乏单一，而且数量非常少，去晚了就买不到了。营养上无法保障，让身体还未完全康复的李观清日渐消瘦，她母亲实在心疼，就过来照顾她。经过一番悉心照顾后，李观清的身体才得以恢复。

逐渐适应了环境，恢复了健康，李观清的教学工作也逐渐步入了正轨。对学生进行分析后，她发现农村学生学习基础普遍较差，甚至很多学生的入学成绩三科加起来还不满一百分。许多学生存在厌学情绪，不把学习当回事，对语文课尚且不是很喜欢，对英语课更是不感兴趣。很多学生不止一次地表达他们对学习英语的抵触，还喊出了口号：“生是中国人，死是中国鬼，要我学英语，简直没可能！”即使有的学生英语成绩稍微好一点，大多也是属于“哑巴英语”，会听会写不会说。如何激发学生学习英语的内在动力，使学生爱上英语，开口说英语呢？这是李观清面临的一大问题。一直以来，她的英语成绩都非常优秀，但是作为一名教师，光有知识是远远不够的。师者，传道、授业、解惑，但绝不是教师单方讲授，学生被动接受。李观清知道，只有当教师“教”这一外部因素转变为学生

“学”这一内部需求后，才能真正促进学生的发展。

面对乡村学生基础差的现状，我只能不断创新教学方法，开拓教学新路径。当时，为了激发他们的学习兴趣，我做了很多面具和图片，让他们在玩中学。我努力营造生动、活泼、民主的课堂教学氛围。到现在他们已毕业多年，见到我的时候，还会兴奋地跟我说：“老师，我还记得方位介词哦!”然后就用手比划in/on/under/in front of/behind/beside……课后，我也常帮学生辅导，常跟他们聊天，和他们一起寻找考试失败的原因，然后再一起想办法解决。

我刚入职时进步快还有一个原因，那就是坚持多读书。苏联教育家苏霍姆林斯基在《给教师的一百条建议》中也提到，一些优秀教师的教育技巧的提高，正是由于他们持之以恒地读书，不断补充他们知识的大海。因为英语与乡村学生的生活联系不密切，所以我很注意运用书中的情境教学。在课堂上，我们会做游戏，会进行即兴表演，会进行英语歌唱比赛，会有学生充当“小老师”上课。课堂形式的多样性能极大地调动学生的积极性，激发学生的探究欲望，使学生更容易接受新内容。

李观清就这样一步一步在“蜿蜒小道”里，努力以自身的思考和前人的经验披荆斩棘，向前迈进。

二、以心换心

浅水初级中学地处吴川市贫穷之镇浅水，在2017年以前，连接浅水镇和吴川城区的只有一条公路。这里的学生大多数是留守儿童，很多学生都厌学，甚至逃学。

素质教育是面向全体学生的教育，力求使每个学生都得到应有的发展。对学困生的转化，可以说是素质教育的重中之重，它直接影响着素质教育的效果。作为班主任的李观清，和学生相处过一段时间后，被他们的淳朴内在深深打动了。她非常希望这些孩子们可以走出大山，改变自己的命运。这更坚定了她转化学困生的决心。

经过走访和分析，李观清发现学困生形成的原因虽然很多，但归纳起来不外乎内部因素和外部因素两种，而内部因素的比重大些。常见的内部因素包括学习目的不明确、缺乏上进心、意志力不强、缺乏自信心、自卑等，外部因素则包括家庭环境、教师因素和社会影响。

2004年，李观清发现有个学生总是无心上课。她那时虽然不是班主任，但还是找了这个学生谈心。原来，这个学生的母亲生病了，父亲挣的钱基本上都用来买药了，家里的经济情况越来越困难，所以这个学生终日为家庭担忧而无心向学。了解了事情的始末后，李观清决定每月从仅有的400元工资里拿出100元来资助这个学生，并让其到宿舍与自己一起吃饭。资助是有限的，但关爱是无限的。李观清希望这个学生能够感受到世界的温暖，焦虑的心灵得到慰藉。后来，这个学生顺利渡过了困境，考上了市重点中学，三年后又以优异的成绩考上了重点大学。接到大学录取通知书时，这个学生第一个想到的就是李观清，他专程来到李观清的办公室，来感谢李观清的培养之恩。

> 十年的班主任工作让我深深地体会到，对学困生的转化是一门艺术。要想做好这项工作，首先要有正确的认识。有了正确的认识，才能想到办法。另外，要做好学困生的转化工作，还必须要尊重他们、信任他们，让爱温暖他们的心灵。

对于转化学困生，李观清总结了一套办法：发现学困情况—了解原因（通过家长或以往教师等多渠道了解）—找学生剖析原因（注意谈话方式，是用心交流，不是责备质问）—个人感化（动之以情，晓之以理）—集体帮助。而贯穿其中的，则是李观清一直坚信的教育信条——爱。没有爱，就没有教育。作为教师，李观清爱学生，关心学生的学习，更关心学生的健康成长。

美国心理学家马斯洛的需要层次理论将人的需要分为五个层次，其中归属与爱的需要、尊重的需要对成长中的学生来说至关重要。李观清始终相信爱和尊重的力量是无穷的。因此，她爱学生，尊重学生，真诚地和他们交朋友，愿意帮助他们。学生非常信任她，喜欢向她诉说自己的难处：学习的困惑、同伴的矛盾、父母的争执……她都一一给予回应和疏导。

第二节　教学与教研融合

一、漫漫成长路

时光飞逝，李观清早已不是那个“跌跌撞撞”的教坛新人了。十几年后，她已从教学新手成长为南粤优秀教师，从模仿别人到逐渐形成自己的教学风格，从默默无闻到教学名师，她在教坛中稳稳地站住了脚。

> 我一直认为，一位成熟的教师，不仅应具备扎实的专业功底，还应形成自己的教学风格。

为了使每个学生都能得到更好的发展，李观清每接手一个新的班级，都会通过多种方式对学生进行诊断性评价，然后再根据好、中、困三种情况进行分组。各小组都有自己的组名、口号等。她还构建了积分系统，包括培优和转困积分。学生生动地将积分表称为“学习龙虎榜”。学生的上课发言、测验成绩、作业完成情况等都被完整地记录了下来。每到月底，各个小组根据积分情况，评出本月“学习之星”和“进步之星”，并进行奖励。对于根据学习层次分组学习，李观清有自己的考虑。根据学习金字塔原理，从塔尖到塔底学习方式一共有七种：第一种是“听讲”，也就是教师在上面说，学生在下面听，这是我们最熟悉、最常用的方式，但学习效率是最低的，两周以后学生学到的内容只能保留5%；第二种是“阅读”，学到的内容可以保留10%；第三种是“声音、图片”，学到的内容可以保留20%；第四种是“示范”，学到的内容可以保留30%；第五种是“小组讨论”，学到的内容可以保留50%；第六种是“做中学”，学到的内容可以保留75%；第七种是“教别人”或者“马上应用”，学到的内容可以保留90%。

李观清组建学习小组，意在让学优生在教别人的过程中巩固自己的知识，同时帮助其他同学成长。创新教学方法，使她执教的班级英语成绩年年拔尖，不仅中考成绩优秀，而且在各类比赛中多次获奖。

关于新手教师成长为成熟教师的方法，我想用两个我喜欢的句子来概括：一个是“越努力，越幸运”，另一个是“你若盛开，蝴蝶自来；你若精彩，天自安排”。我总觉得，成长是自己的事情，只要你肯热情地投入工作，深入地学习，积极地反思，自然就会在这一领域成长，并且是快乐地成长。这里涉及一个很关键的因素——职业理想。职业理想是一个人成长的动力要素。因为它会决定你想走多远以及你可以走多远。当然，从环境因素和社会因素来说，校本教研、同伴互助、专家引领也是新手教师快速成长的有效途径。

一直以来，李观清都很享受教学给自己带来的成就感。每当看到学生眼中对自己的信任、对知识的渴望、对未来的坚定，她就无比感动。那时，她对专业发展几乎没有任何概念，更谈不上追求，但拥有着可贵的专业理想。我们知道，从业者的就业动机直接影响其在职业生涯中的定位。一个只把教师当作谋生手段的人，为生存而从教，为赚钱而从教，既不可能获得真正的快乐，也不会为育人而执着追求。李观清献身教育的决心、要求发展的进取心为自己的事业奠定了坚实的基础。

从刚进学校的那几年到现在，我觉得自身的成长主要体现在专业素养的提高上。这其中包括学科文化素养、能力素养、道德素养和人格素养。作为一名合格的教师，首先要清楚教师的专业标准，要谨记：师德为先，学生为本，能力为重，终身学习。具体来说，就是热爱教育事业，践行社会主义核心价值观；尊重学生，充分激发他们的主动性，使他们全面而有个性地发展；具备渊博扎实的专业知识、广博深厚的科学文化基础知识；锐意改革，锤炼高超的教学艺术，同时还应养成终身学习的习惯。我快速成长还有一个原因，那就是有幸参加了“湛江市首批名教师培养对象”培训。在那次培训中，我明白了什么是教师的专业发展，明白了一个教师除了可以教书育人外，还可以做很多事情。

在科技迅猛发展的时代，学习已不再是阶段性的。而且，教学内容、教学方法和教学手段的不断更新，也要求教师接受系统培训，以更新思想观念，加快教育改革。由于教育成绩显著，李观清被吴川市教育局推荐参加“国培计划”“湛江市首批名教师培养对象”培训和广东省骨干教师培训。这些培训为她打开了一扇知识的大门，使她眼界大开。她如饥似渴地学习，不但更新了教育理念，而且认识了一大批优秀同行。

二、以教研创新课堂

2005年，李观清参加了一场题为“教师专业发展思考与实践”的讲座后，她开始思考自己的教育生活，定位自己的职业类型，决定进行教学研究，以促进自己的专业成长。

如果说2005年李观清叩打着教学研究的大门，那么2013年她才正式推开教学研究的大门，并在教学研究的道路上摸索着前进。

2013年，李观清参加“湛江市首批名教师培养对象”培训，认识了一位颇有名气的教师。而这次培训，也成为她人生的一大转折点。

这位名师是全国优秀教师、中学特级教师。他不仅教学艺术高超，而且锐意教改、胆略过人。他倡导把教学与研究结合起来，研是为了更好地教，教可以为研提供更好的土壤。李观清深深地记住了这一点，并决定付诸行动。

参加培训都要提交作业，那期的培训作业是撰写一份开题报告。开题报告的格式是什么？要写哪些内容？从未接触过课题研究的李观清云里雾里的，不知所措。于是她向培训班班主任请教。在班主任的指导下，她基本上摸清了撰写开题报告的格式。

掌握格式不难，难的是内容。李观清一边翻阅培训笔记，一边冥思苦想。她决定从如何改进教学入手，研究英语支架式教学。

“支架（scaffold）”原是建筑行业的术语，又译作“脚手架”，是建筑楼房时施予的暂时性支持。当楼房建好后，这种支持就会被撤掉。后来发展起来的支架式教学源自苏联著名心理学家维果茨基的“最近发展区”理论，它强调要着眼于学生的潜在发展区，使学生借助学习过程中能力比自己高一些的伙伴或其他人的合理帮助，利用必要的学习资料，主动建构知识体系。

研究与教学，从来都不是相互独立的。学习了大量支架式教学理论后，李观清想到了困扰自己多时的难题——学生最怕英语写作。

写作是一种进行书面表达和传递信息的交际能力，培养初步的写作能力是英语教学的目的之一。但是，由于没有掌握写作技巧，并且受母语影响，所谓英语作文其实是“中国式”的英语表达，学生的英语作文水平很低。如何提高乡村学生的英语写作水平，是李观清最想解决的问题。无论理论如何生动，都必须到实践中去检验。为此，她从三个阶段对学生进行引导教学，以提高学生的英语写作水平。

第一阶段：搭建支架，建立框架。帮助学生通过学习音素和拼读规则，建立拼读单词的框。李观清凭借构词法的学习提示学生新旧单词之间的联系，为学生扩大单词量奠定基础；对于句子的基本构成——短语的学习，注意引导学生从短语结构入手进行分析，以归纳总结的方式搭建短语支架；对于最难的融词成句的学习，主要采用合作学习辅以多种游戏进行，让学生自己总结出英语的五种简单句型并分析句子成分；在谋篇布局的练习上，尝试让学生自主学习，在放手让学生自主命题、自主规划文章结构的过程中，引导他们使用连接短语使文章更具条理性和逻辑性；最后进行写作积累提升。任何一种写作都是输入到输出的过程，而对于乡村学生来说，生活中能接触到的英语资源很有限，这就决定了他们英语输入的匮乏。李观清的方法就是整合资源，即把学生的英语资料都汇集起来放在教室的“图书角”，让大家共享，互通有无。

第二阶段：创设情境，独立探索。通过讲故事、画简笔画、唱歌等方式创设轻松有趣的课堂氛围，搭建情境支架；在写作支架一审（题目）、二列（提纲）、三写（文章）、四查（错误）的帮助下，独立完成文章。

第三阶段：合作评价，自我调节。一方面让学生评价其他同学的作文，培养自己发现问题的能力；另一方面由组长主持，大家畅所欲言，互相交流、互相促进。

令李观清高兴的是，经过一个学期的学习，不少学生愿意为写作花时间了，写作于他们而言，不再是头疼的事了。最令人惊喜的是，在中考前最后一次模拟考试中，学生的写作平均分从2.93分一跃上升为7.86分，教改实验成功！

在教学总结与反思中，李观清对支架式英语作文教学的认识越加深刻了。为了更系统地开展教学研究，她决定以“支架式教学在初中英语写作教学中应用与实践”为题申报广东省教育规划课题，并获得立项。两年后，李观清被评为广东省南粤优秀教师；又一年后，其课题阶段性成果获得第三届湛江市基础教育教学成果一等奖。

从参加名教师培训到成为南粤优秀教师，三年的时间里，李观清记忆最深刻的便是忙碌。备课、上课、批改作业和研读文献，为的是优化课堂教学。遇到的问题、学生的反馈，都成为她教学日记的一部分。大量的教学实践，深刻的教学研究，加快了教研成果的产出。三年间，她撰写了多篇教育论文，其中公开发表的有9篇，这使得她成为吴川市少数发表系列论文的年轻教师之一。

这次开展教学研究，对李观清来说是一次很大的突破。她发现教研不再是专家的“专利”，而是每个教师都可以成为研究者。新课改实施中出现的问题，不是凭借以往经验就能够解决的，但等待别人把研究成果直接送上门来更不现实。最好的方法就是教师既做教学者又做研究者，以研究的姿态置身于教学实践中，以研究的眼光分析教学问题，积累、总结、提升经验，最后形成自己的教学主张。

为了更好地提高学生的英语写作水平，李观清在支架式教学的基础上开始探索第二个课题——小组合作分层评价。换言之，学生组建学习小组，对小组成员的作文互相进行评价，而教师只起指导作用。李观清希望学生大胆质疑，提出问题，多维思考，不仅要会写，还要会评。她认为，掌握知识不是教学的最终目的，而学以致用、提升能力才是教学的最终追求。

第三节　专业生命的张扬

一、研教结合

2016年，李观清平静的教书生活掀起了一丝涟漪。这年春天，她收到吴川市教育局请她给全市上公开课的邀请函。这并不是她第一次承担公开课，早在2013年她就已多次在学校承担公开课，而且都取得了不错的效果，但面向全市上公开课还是第一次。她很珍惜这次机会，精心准备了“How to describe people？”一课，她以教师为主导，以学生为主体，博得了在场教师的一致喝彩。同年秋天，她再次受邀承担公开课，这次的组织单位是湛江市教育局教研室。从吴川市到湛江市，李观清被越来越多的人认识，有幸来到一个更广阔的舞台展示自己的研究成果，让她备受鼓舞。“How I have changed？”这节课以支架式理论为基础，再次取得了圆满成功。这些公开课的举办，让越来越多的教师了解到新型课堂与传统课堂的区别，也认识到了支架式教学的优势。

除了承担公开课，李观清还以讲座的形式推广支架式教学在初中英语教学中的应用和实践的研究成果。在吴川市第四中学，她做了题为“风雨兼程，一路成长——我的课题研究之路”的讲座，主要阐述了两个观点。一是教学理念。教师面对的对象是学生，无论是教学目标还是教学任务的制订，都应充分考虑学生解决问题的现有水平和通过学习能达到的潜在发展水平。简单来说，就是关注学生的“最近发展区”。设置有一定难度的教学任务，学生不容易达成时，就需要教师提供“学习支架”。在搭建和不断撤离支架的过程中，学生可顺利穿越“最近发展区”，获得更进一步的发展。支架式教学策略分为四种类型：范例支架、问题支架、建议支架和工具支架。范例支架是指特定学习主题中的重要学习步骤或典型的成果形式；问题支架指用不同层次、角度、深度的问题搭建学习支架，随着问题的不断解决，学习也不断深入；建议支架是指问题支架从设问句到陈述句的转变；工具支架是指把计算机作为认知工具，将其变成学习支架。二是专业成长。教研是教育改革的要求，是作为教师专业标准的基本理念之一。教研能力也是教育工作者的必备素质之一。成为研究型教师，不仅能丰富学科内涵，拓展学科水平，还能达到以研促教的目的。

李观清以自己的成长经历告诉我们，课题研究就在我们身边，只要我们有一双发现问题的眼睛，有一颗主动学习的心，有一双积极参与的手，有一种勇于尝试的态度，那么，“教书匠”也能成为教育家。

在支架式教学的实践过程中，李观清发现并不是所有教师都能及时地批改作文，或者即使批改也是较多关注学生的语法是否正确，而对于写作内容、篇章结构等甚少提及。学生拿到批改后的作文，关心的也往往是得分情况，并非出错的原因，更不会主动进行修改。因此，即使经过了大量的练习，学生也很难从中找出自己写作的优势和劣势。于是李观清决定开展“小组合作分层评价在初中英语写作评价中的应用”课题研究。目前，李观清取得了阶段性成果，发表了三篇论文，编写了校本教材《新课标九年级英语话题写作》，并获得了第四届湛江市基础教育教学成果一等奖。

多年的教学经验告诉李观清，学生英语写作水平的提高是一个相对缓慢的过程，并非一朝一夕就能解决的，教学方法的改变不可能让学生的学习出现立竿见影的效果，而这正是教师需要在教研道路上永不停歇的原因。

二、培养新秀

“经师易得，人师难求。”一个学生遇到一位好教师，这是学生的幸运；一所学校拥有好教师，这是学校的光荣。教师是立教之本、兴教之源，建设一支高素质、专业化的教师队伍，是学校提高教学质量的重要条件之一。青年教师作为学校的新鲜血液，虽然教学技能不及老教师熟练，但教学理念新、起点高、学习速度快，他们是学校的未来和希望，其成长对教育事业的可持续发展起着重要作用。

严于律己的李观清认为，自己不仅需要不断学习，更新教学理念，规范教学行为，提高教学能力，还应充分发挥教学名师的作用，关心青年教师，培养青年教师。

李观清采取“一帮一”“合作教学”等形式，希望通过新老教师的互帮互学，帮助青年教师成长。她坚持每年与两名教师“结对子”，主要对青年教师进行传、帮、带。她尽可能多地为青年教师上示范课，还深入他们的课堂进行现场评点。对青年教师，她经常强调一点：“只有幸福的教师，才能培养出幸福的学生。”成才须先成人，以教书为本职，以育人为目标。幸福的教师应该是怎样的教师呢？于漪说：“教师一定要目中有人，不仅要走进学生的知识世界，而且要走进他们的心灵世界。”能够走进学生心灵的教师，才会给学生全身心的爱；对他人充满爱、对工作充满爱的人，内心一定是充实而温暖的。学生感受到被爱，才能学会爱别人，才能成为幸福的人。

在李观清的热心指导下，多名青年教师成长为校级、市级骨干教师。其中，陈艳被评为湛江市优秀教师，并多次荣获吴川市中考优秀科任奖；吴红2014年被评为吴川市优秀班主任，2015年被推荐为湛江市优秀班主任；林一娟的论文《激发兴趣，培养英语能力》在《英语周报》上发表。甘做“人梯”的李观清，不仅把知识和经验毫无保留地传授给青年教师，还乐于谦让荣誉，赢得了大家的尊重。

2017年，李观清成为吴川市名教师工作室主持人，该工作室目前已有10名成员、30名学员。她为工作室提出“一年学习、两年成熟、三年成骨干”的目标，定期举行研讨会，并通过阅书增识、结对前行、集体备课、双向听课、说课评课、专题研讨、课题研究、课例开发等形式开展活动。

作为引路人，她谨记自己的使命：使工作室成为一个展示吴川市英语教育特色和风采的窗口；使工作室成为一个培养名师和推出新人的孵化地；使工作室成为一个成员、学员和其他教师教研的平台。在李观清的带领下，青年教师不断超越自己、完善自己，其中工作室成员杨明生、陈秋兰、陈焕莹、李丹丽、梁朝飞等教师多次承担公开课，陈焕莹撰写的论文获得广东省教育厅教研活动的宣读资格，杨明生、龙晓梅和蔡福妹顺利通过了初中英语高级教师的评审。

李观清经常对青年教师们说，要想成为一名优秀教师，必须具备四个条件。一是优秀的教师应该是一个内心幸福的人，因为只有幸福的教师才会教出幸福的孩子。二是优秀的教师应该是一个热爱学习、热爱读书的人，要提高教学水平，唯有多读书。三是优秀的教师应该是一个行为规范、言传身教的人。言传身教是中国几千年传统教育的永恒命题。孔子说："其身正，不令而行；其身不正，虽令不从。"只有言行合一、行为规范的教师，才能对学生正确的人生观的形成产生积极影响。四是优秀的教师应该是一个具备扎实专业知识的人，没有丰富的专业知识，何以传道？何以解惑？教学不是照本宣科，而是创新性地工作。

这是李观清的职业感悟，也是她对自己的要求。

第七讲　符穗：执着与提升

第一节　自学：突破障碍

二十二年前，符穗从中等师范学校毕业，带着教师的叮咛，怀揣着对未来的憧憬，踏上了从教之路。

符穗毕业后来到雷州市东方红幼儿园工作，在这里，面对的全都是小孩子，可是符穗并没有像其他教师那样被孩子“耍”得团团转，而是应对得得心应手。对比同龄人，她能够快速胜任幼儿园的工作，这得益于她读书时的见习。在读书期间，她每个学期都会参加两次见习，有很多机会与园长、教师交流。她格外珍惜那些见习机会，并能够很好地完成指导教师布置的全部作业。通过系统学习，她的上岗技能大大提高了。

见习时期，为了能掌握更多的技能，符穗试过与朋友一起到幼儿园暂住。看到她们的热情与那颗求学的心，园长不忍拒绝，便答应了她们的请求，并且允许她们随堂听课。于是符穗与朋友收拾好行李就在园长办公室里住下了，她们一有空就去听课，就连园长提到的如何改进教学，她们也认认真真地记了下来。起早贪黑，符穗一直坚持到毕业的那一天。她从来没有改变过对知识的渴求。毕业后不久，她决定参加教育学自学考试，在短短的两年内就把专科“啃”了下来；再接再厉，她又攻读了教育管理本科，在学历上又向前迈了一步。她非常热爱她的工作，十分投入，也收获了很多自信和快乐。1997年她开始担任幼儿园园长，两年后荣获“广东省南粤优秀幼儿教师”称号；2001年成为湛江市名园长工作室主持人。这些喜人的成绩体现了符穗对教育的执着追求。

2003年，大部分幼儿园教师都需要分流转岗，符穗“不幸”成为其中一员。那一年，符穗来到雷州市新城中心小学，面对陌生的环境，她一时感到不适应，但是，她凭着对教育的热爱和对未来的信心，再次迎接了挑战。

首先，在教学方面符穗很快便意识到自己的专业知识严重不足。上课时，她把该教的内容讲了一遍又一遍，但是学生依然学得一头雾水。其次，与同事沟通也是一个挑战，在完全没有熟人的情况下，对于怎样向老教师学习，一时找不到好的办法。再次，如何与小学生打交道。小学生已有自己的想法了，不“听话”是常见的事情，如何与一些特别调皮或者故意找茬的学生交往，要花时间研究才行。

“万事开头难。”新入职的教师通常都会有一个烦恼——被学生“欺负”，但是符穗没有。她很重视第一节课，在开学前花了大量心思研究如何上好第一节课。第一节课是建立规则的黄金时间点，要让学生喜欢上教师，这样才有利于工作的顺利开展。她对学生说：“老师只有一个要求，就是希望你们能闭目养神，乖乖地等老师来上课。”学生觉得她的要求不多，便欣然接受了。

怀着对教育行业的热爱和敬畏之心去当一名教师，如果我们马马虎虎地应付，对得起自己吗？对得起学生吗？正是这种想法，督促着我在教书育人的道路上不断追求，也就是“干一行，爱一行，专一行”。你只有爱上这一行，才会发现这一行的乐趣，才会有动力去发展，一步一步坚定地往前走。我虽然获得了一些荣誉，但是觉得自己离优秀教师还是有很大的距离。做好本职工作，善待每一个学生，这就是我成长的动力。

爱不是简简单单的一句话。魏书生说："光强调教师要爱学生是不全面的，还应具体研究怎样去爱，想爱还要会爱。如果不会爱，原先想爱，之后也变得不爱了。"符穗认为爱就是要爱学生，爱教师这一行业。符穗凭着对这份"爱"的信念，用专业知识支撑自己，坚定地把爱传递给每一个学生。

2003年到2005年，符穗担任数学教师。2005年，由于学校缺少语文教师，学校决定让她改任语文教师，在职业生涯上她又转换了一次角色。如何才能上好语文？她决定攻读汉语言文学教育专业的本科，以提高自身的专业水平。

小学是教育的初级阶段，也是儿童教育的起点，这个阶段是小学生身心发展的重要时期，符穗认为自己必须多学习、多研究，才能胜任教学工作。她开始大量阅读教育类书籍，苏霍姆林斯基的《给教师的一百条建议》成了她的床头书。除教育类图书，她还读其他领域的书，如文学、哲学、管理学等领域的书。读书一方面可以提高专业水平，另一方面可以拓展视野，最重要的是可以使教师更快地走进学生的心灵世界，更好地教育学生。

> 第一，我是学前教育专业毕业，必须要完成专科、本科学历教育；第二，除了要看专业书，还要看文学、哲学等领域的书；第三，要看学生经常看的书；第四，要研究名师名课，进行模仿、借鉴、再创新。

符穗初入小学的前几年，在提高专业水平的道路上付出了很多不为人知的艰辛。她一有空就提着小板凳去听课，仔细琢磨别人是如何上好课的。在她的眼里，随堂听课是学习的最好路径。在课堂上，教师随时会遇到突发事件，在这种情况下，她可以学到书本上没有的东西，这是难得的学习机会。

只要有一颗爱学习的心，哪里都是资源。符穗开始研读名师的教学案例，然后分析其教学视频。她不是一边看一边做记录，而是待视频结束后，根据自己的记忆逐步还原，再比较两者的差异，最后写观看评论。她认为这样才是深度剖析，否则知识还是别人的。就这样，从2003年到2007年，她一路摸索，突破重重障碍，实现了华丽转身。

第二节　反思：自我提升

2007年，符穗下乡支教，再一次深刻地意识到自己专业知识的不足，她给自己定下了“三多”的目标，即多看视频、多看书、多反思。

符穗深知，要把理论知识学精、学透，就必须与实践相结合，特别是定位文本、调控课堂、培养能力等更需要一定的实践基础。她虚心地向经验丰富的老教师学习，其中莫岸冰老师是她重要的引领者之一。莫岸冰老师指导符穗如何站在学生的角度，从学情分析、教学目标、教学材料、教学过程以及教学评价等方面进行分析。在听课、评课、磨课、上课等过程中，莫岸冰老师都给予了她有效的建议。符穗收获颇多，她认为作为一名年轻教师，应该尊重别人，虚心请教，这样才能取得进步。

正是这份真诚和坚持，使莫岸冰老师引领符穗走进了雷州市语文“大家庭”。在这个“大家庭”中，符穗发现大家都是性情中人，相处得十分融洽，彼此间互相交流、讨论，不断擦出智慧的火花。

在班级管理方面，符穗一边实践一边总结，形成了一套管理方法。比如，研究学生的姓名，将相似或者相同的名字找出来随意组合，让学生通过游戏方式快速记住它们。符穗强调，玩游戏并不是单纯地玩，而是从中了解学生的个性、兴趣和性格，与学生建立良好的关系，加强组织管理。

“教师的天职是不放弃对任何一个孩子的教育。教师的职业道德教育，重点应该放在‘好生之德’的培养之上。”正是这句话，使符穗改变了一个学生的命运。

第一，想办法让学生喜欢你。学生喜欢上你，你就掌握了教育主动权。第二，建立班级的规则。“不以规矩，不能成方圆。”对低年级学生进行纪律及行为培养非常重要。第三，要有爱心。这是所有教育的出发点，也是落脚点。

2011年，班上来了一个患有自闭症的学生。开学第一天，全班学生都端端正正地坐着听符穗上课，唯独这个小男孩时不时发出“啊”“啊”的尖叫声。忽然，一个学生站起来指着他说：“老师，他上课总喜欢怪叫，好多人说他是个疯子，别理他。”听到这句话，符穗不由自主地打了个冷战，这时她想起了一段话：“一说起教师，马上就是教书育人。在我看来，能育人当然好，能守住不耽误人的底线，也很不容易。譬如，不去摧毁一个孩子的自我感觉；又如，不去倒掉一个孩子对一门学科的兴趣。”于是她马上走到那个小男孩旁边，轻轻地抚摸他的头给予安抚，并对全班学生说：“今天，这位同学太高兴了，声音有些大，请大家不要笑他，也不要怪他，希望你们以后能多多帮助他。”下课后，她对这个学生进行疏导，并且赠送了他一个精美的日记本，告诉他：“如果你上课的时候想发出声音，你就在本子上画圈圈。你只要一节课不乱叫，我就奖励你一个印章。”但是这个学生并没有接过符穗的本子，而是钻到椅子下面去玩了。符穗后来通过与家长沟通，得知他对漫画感兴趣，于是每天就放一本漫画书在他的桌子上，终于有一天，他对着符穗笑了。

为了更好地配合医生对这个学生实施治疗，2012年符穗利用暑假参加了心理健康B证培训，培训期间她每天不停地做笔记、分析案例，并结合教育实践思考如何帮助特殊学生。幸运的是，经过医院、学校和家庭多方配合，这个学生得到了很好的治疗，他与大家相处得很好。符穗看着学生们灿烂的笑容，心里倍感欣慰。

每个孩子的模样，都带有原生家庭的烙印。有些学生可能受到家庭中不良因素的影响，想逆风成长却无能为力，如果没有正确的引导，就会在幼年时期埋下冷漠的种子。符穗从台湾作家张德芬老师的《遇见未知的自己》中学会了“悦纳”，她认为教师一定要以理解、呵护的心态去看待学生。为了进一步帮助特殊学生，符穗又参加了心理健康A证培训。相比以前，符穗现在能以更灵活的方法去帮助特殊学生了。

2012年，对符穗来说是一个重要的转折点，也是她语文教学的一个新起点。这一年，符穗参加“国培计划”，认识了邱一红老师。邱一红老师是湛江市教育局语文教研员，对语文教育有着自己独到的见解。每次学员提出问题，邱一红老师都会及时给予解答，直到学员弄明白为止。正因为这样，符穗的成长又有了一次突破。

那一年，符穗的名字开始出现在很多人的眼前。她参加了湛江市教师能力课堂比赛，获得第二名，和第一名仅差0.14分。这是雷州市小学语文教育界近二十年来取得的最好成绩，但是她并没有满足，反而思考自己与第一名的距离在哪里，如何改进。教后反思，是符穗的习惯。她十分欣赏一句话：“职业的幸福感来自你内心的一种感动，从内心焕发出来的一种满足感。”她对教育有了新的认识，更加热爱教育了。

符穗认为新手教师比较注重学生的成绩，而成熟教师则把更多的关注点放在学生身上，比如学生的起点、薄弱点。教学理念决定着教师的教学设计、教学任务、教学评价和教学活动。教育不是灌输，而是让学生找到归属感，即使不优秀，也能找到自己的价值。符穗善于把班级管理融入日常生活，以帮助学生找到心灵的归属。

如何成为研究型教师？符穗认为请教专家是最直接的方法，不断反思是自我提升的关键，专业培训是素质提高的重要途径，参加比赛是发现不足的有效方法。

第三节 研究：寻找真谛

陶行知说："手和脑在一块干，是创造教育的开始；手脑双全，是创造教育的目的。"符穗坚持将理论与实践相结合，以研究促进教学，以教学促进研究。

符穗很喜欢惠特曼的《草叶集》："一个孩子，向最初的地方走去，那最初的，便成为孩子生命的一部分。"那么如何引领学生向最初的地方走去？语文教学的原点在哪里？她从窦桂梅老师的《做一名有专业尊严的教师》一书中找到启发。

> 一位年迈的北美切罗基人教导孙子们人生真谛。他说："在我内心深处，一直在进行着一场鏖战。交战是在两只狼之间展开的。一只是恶的——它代表恐惧、生气、悲伤、悔恨、贪婪、傲慢、自怜、怨恨、自卑、谎言、妄自尊大、高傲、自私和不忠；另外一只狼是善的——它代表喜悦、和平、爱、希望、承担责任、宁静、谦逊、仁慈、宽容、友谊、同情、慷慨、真理和忠贞。同样，交战也发生在你们的内心深处。"听完他的话，孩子们默默不语，若有所思。过了片刻，其中一个孩子问："那么，哪一只狼能获胜呢？"饱经世事的老者回答道："你喂给它食物的那只。"

"教育的真谛在于将知识转化为智慧，将文化积淀为人格。"符穗豁然开朗，认为语文教育就是让优雅的语言与美好的情感去改变恶俗、粗鄙、龌龊的情感，用美好的事物滋养学生向善的心。

大海之所以宽广，是因为它不拘细流。语文教师一辈子都应该在学习的路上，以不断提升自身的专业素养。也就是说，语文教师想要回到原点，就要拥有深厚的语文素养和敏锐灵动的教育智慧。其实，一些看起来“很美的课”，实则经不住推敲。

符穗认为儿童文学是小学教育的重要资源，教师要充分认识到儿童文学对培养母语的重要性。她实施了“盐在汤中”的教育方式，让学生从文学作品中自然而然地感受美的熏陶、爱的感怀、英雄的豪情和勇敢的气魄。

> 我很喜欢苏霍姆林斯基《给教师的一百条建议》中的一句话——如果你想让教师的劳动能够给教师带来乐趣，使天天上课不至于变成一种单调乏味的义务，那么你应当引导每一位教师走上从事研究这条幸福的道路。我第一次看到这句话时很震撼，马上把它写在了笔记本上。以前只是写点评，现在想用这个点去挖掘一些东西。如果不进行教研，就很难把教育搞好，也很难提升自己的专业水平。

进行教研不一定能成为优秀教师，但优秀教师一定离不开教研。符穗谦虚地说：“我现在还没有真正达到优秀的水平，只能说自己还在追求优秀的路上。”有一次听课，她统计了一位教师的提问次数，一共53次，这是一个什么样的概念呢？她决定研究“怎样提问才是有效的提问”，经过不断思考、探索和实践，符穗又有所获。符穗说：“以前我听课只懂得写点评，现在我会在听课期间有意识地挖掘一些东西进行研究，根据这个思路提出自己的假设，然后收集相关资料进行验证。”她乐于反思，将教育实践中的感性认识升华为理性认识，将常见的教学问题转化为研究的课题，在研究中促进自身的专业成长。

符穗坦言：“我曾经抱怨学生难教、教学设备落后、空闲时间太少，却没有反思自己的才学疏浅。应该把‘学’与‘思’相结合，当一名诗意的语文教师，当一名有底蕴的小学教师，当一名学者型的一线教师。”

2015年，符穗主持的课题“小学语文‘二线三维六环’教学模式研究”获得广东省教育科学规划“十二五”课题立项，并开始了实践研究。她大胆假设，不断创新，将教师多讲变为学生多学，将定性思维变为多向思维，让学生从过去的“要我学”“我学会”转变为“我要学”“我会学”，大大地提升了学生的综合素养。2017年，符穗主持的课题“小学高年级阅读策略教学研究”获得了广东省中小学教师发展中心立项，并开始了实践研究。她指导学生海量阅读，积极思辨，创新思维，开启智慧。她认为问题即课题，教学即研究，效果即成果。

2018年12月，符穗被调到雷州市雷城街道第三小学（以下简称“三小”）担任副校长。如何帮助青年教师成长？这是她要着重解决的问题。青年教师的成长需要鼓励，需要认可。符穗常常去听青年教师上课，并给予积极评价和中肯意见。同时，她建立了一个“教育分享”微信群，定期进行教育分享，畅谈教育。可以说，现在的三小已拥有了一大批敬业奉献、业务精良、求实创新的教师。

从教二十二年，符穗始终扎根在教学第一线，付出了很多，也收获了很多。近年来，她被评为“湛江市级优秀教师”“广东省南粤优秀教师”等。这些荣誉承载着赞扬，也意味着担当。

教育非一日之功，即使某天，两鬓斑白，双眼模糊，或许记不起那温暖的一幕幕，但是教师仍需保持一颗“花前自笑童心在，更伴群儿竹马嬉”的童心，还有那“衣带渐宽终不悔，为伊消得人憔悴”的教育情怀。

每一次挑战都是对智慧的考验，每一个顽童都是对爱心的磨砺，每一次压力都蕴含着动力，这就是符穗的专业成长。

西南师范大学出版社
《名师工程》系列丛书目录

系列	序号	书　名	作者	定价
卓越教师系列	1	《赢在坚持——名师走向卓越的原动力》	林文明　高家欢 何菁菁	35.00
校本研修系列	2	《校本研修的创新策略》	邱惠群　余利芬 王林发	36.00
	3	《让每位教师都成功 ——“四环二维”校本研修模式的构建与实施》	林文智　豆海湛 王林发	35.00
	4	《乡村学校校本研修制度构建与实践探索》	谢耀丰　何淑怡 王林发	35.00
名师解码系列	5	《用语文激扬生命——黄麟生与语文教育》	王林发　朱理珠 龚宝瑜	36.00
	6	《教育需要播种温暖——谢文东与儒雅教育》	余　香　陈柔羽 王林发	35.00
	7	《为了未来设计教育——梁哲与探究教育》	冼柳欣　肖东阳 王林发	35.00
	8	《真心是教育的底色——谭永焕与真心教育》	谭永焕　温静瑶 王林发	35.00
	9	《做超越自我的教师——刘海涛与创新教育》	王林发　陈晓凤 欧诗停	35.00
	10	《打造灵动的教育场——张旭与情感教育》	范雪贞　邹小丽 王林发	35.00
国际视野系列	11	《基于学生自主的教育——一位教研员眼中的加拿大教育》	杨延从	36.00
	12	《行走在日本基础教育第一线》	李润华	26.00
	13	《润物细无声——品鉴国外德育智慧》	赵荣荣　张　静	30.00
	14	《不让一个学生掉队——国际视野下的教育均衡实践》	乔　鹤	28.00
	15	《从白桦林到克里姆林宫——俄罗斯中小学教育纪实》	赵　伟	30.00
名课解码系列	16	《教师课堂提问的技巧与策略》	邓胜兴　姚凤娟 王林发	35.00
	17	《绘本教学策略的探索与实践》	邹小丽　范雪贞 王林发	35.00
	18	《教师必备的课堂掌控艺术》	张　旭　豆海湛	35.00
	19	《教师课堂观察的智慧与策略》	谭永焕　郑月桃 王林发	35.00

系列	序号	书　　名	作者	定价
陕派名师系列	20	《中小学教师师德素养提升 80 讲》	张军学　曹永川 国晓华	30.00
	21	《让教育走进灵魂深处——一位优秀教师的教育心语》	刘跃红	30.00
	22	《教育与梦想同行——宝鸡“国培计划”项目成果精选》	李春杰	30.00
	23	《轻松突破作文瓶颈——构建范畴思想下的作文思维》	李旭山	35.00
	24	《爱在人生伊始——幼儿教师培训指导手册》	张　昭	35.00
	25	《为儿童终身发展奠基——幼儿教师必备的幼教技能》	靳存安	30.00
	26	《如何成为一名专家型教师》	孙铁龙　党　纳	35.00
教研提升系列	27	《语文教师必备的音韵学素养》	李明孝	30.00
	28	《校本教研的 7 个关键点》	孙瑞欣	30.00
	29	《教师怎样做小课题研究——高效助力教师专业化成长》	徐世贵　刘恒贺	30.00
	30	《今天我们应怎样评课》	张文质　陈海滨	30.00
	31	《今天我们应怎样进行教学反思》	张文质　刘永席	30.00
	32	《一节好课需要的教育智慧》	张文质　姚春杰	30.00
教育探索者·鲁派名师系列	33	《追问历史教学之道》	钟红军	36.00
	34	《灵动英语课——高效外语教学氛围创设艺术》	邵淑红	30.00
	35	《校园，幸福教育的栖居》	武际金	30.00
	36	《复调语文——尊重生命自我成长的语文教学》	孙云霄	30.00
	37	《智趣数学课——在情感深处激发学生的数学智能》	王冬梅	30.00
	38	《高品位“悦读”——让情感与心灵更愉悦的阅读教学》	马彩清	30.00
	39	《品诵教学——感悟母语神韵的阅读教学》	侯忠彦	30.00
	40	《智趣化学课——在快乐中提升学生的科学素养》	张利平	30.00
高效课堂系列	41	《让数学课堂更高效——教研员眼中的教学得失》	朱志明	30.00
	42	《从教会到教慧——小学生数学学习能力的培养艺术》	滕　云	30.00
	43	《用什么提高课堂效率 ——有效数学课必须关注的 10 大要素》	赵红婷	30.00
	44	《让作文更轻松——小学作文高效教学 36 锦囊》	李素环	30.00
	45	《让研究性学习更高效 ——研究性学习施教指导策略》	欧阳仁宣	30.00
	46	《让母语融入学生心灵——提升学生语文素养的高效施教艺术》	黄桂林	30.00

系列	序号	书　名	作者	定价
创新课堂系列	47	《重塑课堂生命力——小学新课堂教改成功之路》	陈华顺	30.00
	48	《小学语文“三环节”阅读教学法——自学、读讲、实践》	薛发武	30.00
	49	《个性化课堂教学艺术：小学语文》	商德远	30.00
	50	《如何实现三维目标——让学生与文本共鸣的诵读教学》	张连元	30.00
	51	《想说　会说　有话可说——突破作文瓶颈的三维教学法》	杨和平	30.00
	52	《综合课的整合创新教学》	周辉兵	30.00
	53	《如何打造学生喜欢的音乐课堂》	张　娟	30.00
	54	《理想课堂的构建与实施——一个教研员眼中的理想课堂》	张玉彬	30.00
	55	《小学语文：决定教学质量的关键策略》	李　楠	30.00
	56	《用〈论语〉思想提升数学教育智慧》	胡爱民	30.00
	57	《童化作文——浸润儿童心灵的作文教学》	吴　勇	30.00
名校系列	58	《人本与生本：管理与德育的双重根基》	广州市广外附设外语学校	30.00
	59	《生本与生成：高效教学的两轮驱动》	广州市广外附设外语学校	30.00
	60	《世界视野与现代意识：校本课程开发的二元思维》	广州市广外附设外语学校	30.00
	61	《让每个生命都精彩——生命教育校本实践策略》	王鹏飞	30.00
	62	《好学校，从关注每个学生开始——石梅小学优质教育多元感悟》	顾　泳　张文质	30.00
思想者系列	63	《回归教育的本色》	马恩来	30.00
	64	《守护教育的本真》	陈道龙	30.00
	65	《教育，倾听心灵的声音》	李荣灿	30.00
	66	《心根课堂——让教育随学生心灵起舞》	刘云生	30.00
	67	《做一个纯粹的教师》	许丽芬	26.00
	68	《率性教书》	夏　昆	26.00
	69	《为爱教书》	马一舜	26.00
	70	《课堂，诗意还在》	赵赵（赵克芳）	26.00
	71	《今日教育之民间立场》	子虚（扈永进）	30.00
	72	《教育，细节的深度反思》	许传利	30.00
	73	《追寻教育的真谛——许锡良教育思考录》	许锡良	30.00
	74	《做爱思考的教师》	杨守菊	30.00
教育探索者·鲁派名校系列	75	《让生命异彩纷呈——差异教育的构建与实施》	张晓琳	30.00
	76	《博弈中的追求——一位中学校长的“零”作业抉择》	李志欣	30.00
	77	《大教育视野下的特色课程构建——海洋教育的开发实施》	白刚勋	30.00

系列	序号	书名	作者	定价
名师教学手记系列	78	《唤醒生命的对话——孙建锋语文教学手记》	孙建锋	30.00
	79	《让作文教学更高效——王学东写作教学手记》	王学东	30.00
名校长核心思想系列	80	《智圆行方——智慧校长的50项管理策略》	胡美山 李绵军	30.0
	81	《做一个智慧的校长》	孙世杰	30.00
	82	《成为有思想的校长》	赵艳然	30.00
创新班主任系列	83	《班主任专业化成长策略》	杨连山	30.00
	84	《班级活动创新与问题应对》	杨连山 杨 照 张国良	30.00
	85	《班集体建设与创新人才培养》	李国汉	30.00
	86	《神奇的教育场——打造特色班级文化创新艺术》	李德善	30.00
创新语文教学系列	87	《曹洪彪新概念快速作文》	曹洪彪	30.00
	88	《小学语文：享受对话教学》	孙建锋	30.00
	89	《小学语文：名师教学目标落实艺术》	刘海涛 王林发	30.00
	90	《小学语文：名师魅力教学设计艺术》	刘海涛 王林发	30.00
	91	《小学语文：名师魅力课堂激趣艺术》	刘海涛 豆海湛	30.00
	92	《小学语文：单元整体教学构建艺术》	李怀源	30.00
	93	《小学作文：名师情趣课堂创设艺术》	张化万	30.00
优化教学系列	94	《高效教学组织的优化策略》	赵雪霞	30.00
	95	《高效教学方法的优化策略》	任 辉	30.00
	96	《高效教学过程的优化策略》	韩 锋	30.00
	97	《让教学更生动——激发兴趣让学生快乐认知》	朱良才	30.00
	98	《让教学更高效——策略创新让教学事半功倍》	孙朝仁	30.00
	99	《让教学更开放——拓展延伸让学生触类旁通》	焦祖卿 吕 勤	30.00
	100	《让教学更生活——体验运用让学生内化知识》	强光峰	30.00
	101	《让知识更系统——整合与概括让学生建构体系》	杨向谊	30.00
	102	《让思维更创新——思辨与发散让学生思维活跃》	朱良才	30.00
名师名课系列	103	《名师如何炼就名课》（美术卷）	李力加	35.00
教师成长系列	104	《做会研究的教师》	姚小明	30.00
	105	《学学名师那些事》	孙志毅	30.00
	106	《给新教师的建议》	李镇西	30.00
	107	《教师心灵读本：成为有思想的教师》	肖 川	30.00
	108	《教师心灵读本：教师，做反思的实践者》	肖 川	30.00

系列	序号	书名	作者	定价
幼师提升系列	109	《全国优秀幼儿健康教育活动课例评析》	教育部教育管理信息中心	30.00
	110	《全国优秀幼儿艺术教育活动课例评析》	教育部教育管理信息中心	30.00
	111	《全国优秀幼儿社会教育活动课例评析》	教育部教育管理信息中心	30.00
	112	《全国优秀幼儿语言教育活动课例评析》	教育部教育管理信息中心	30.00
	113	《全国优秀幼儿科学教育活动课例评析》	教育部教育管理信息中心	30.00
教师修炼系列	114	《班主任工作行为八项修炼》	杨连山	30.00
	115	《教师心理健康六项修炼》	李慧生	30.00
	116	《教师专业化五项修炼》	杨连山　田福安	30.00
	117	《课堂教学素养五项修炼》	刘金生　霍克林	30.00
	118	《高效教学技能十项修炼》	欧阳芬　诸葛彪	30.00
	119	《教师新师德六项修炼》	王毓珣　王　颖	30.00
创新数学教学系列	120	《小学数学：名师教学目标落实艺术》	余文森	30.00
	121	《小学数学：名师高效教学设计艺术》	余文森	30.00
	122	《小学数学：名师易错问题针对教学》	余文森	30.00
	123	《小学数学：名师魅力课堂激趣艺术》	余文森	30.00
	124	《小学数学：名师同课异教》	林高明　陈燕香	30.00
	125	《小学数学：名师抽象问题艺术教学》	余文森	30.00
教育心理系列	126	《做最好的心理导师——中学生心理健康咨询手册》	杨　东	30.00
	127	《每天学点教育心理学》	石国兴　白晋荣	30.00
	128	《学生心理拓展训练与指导》	徐岳敏	30.00
	129	《好心态成就好学生——学生心理问题剖析与对症教育》	李韦遴	30.00
教学新突破系列	130	《把教学目标落实到位——名师优质课堂的效率管理》	冯增俊	30.00
	131	《拿什么调动学生——名师生态课堂的情绪管理》	胡　涛	30.00
	132	《零距离施教——名师和谐师生关系的构建艺术》	贺　斌	30.00
	133	《一个都不能落——名师提升学困生的针对教学》	侯一波	30.00
	134	《让学习变得更轻松——名师最能吸引学生的情境设计》	施建平	30.00
	135	《让知识变得更易学——名师改造难学知识的优化艺术》	周维强	30.00

系列	序号	书　　名	作者	定价
教育通识系列	136	《用心做教师——青年教师快速成长的十大定律》	王福强	30.00
	137	《做最受学生欢迎的老师》	赵馨　许俊仪	30.00
	138	《做有策略的校长——经典寓言与学校管理智慧》	宋运来	30.00
	139	《做有策略的教师——经典故事中的教育启示》	孙志毅	30.00
	140	《从学生那里学教书》	严育洪	30.00
	141	《突破平庸——提升教育质量的31个跳板》	严育洪	30.00
	142	《教育，诗意地栖居》	朱华忠	30.00
	143	《好班规打造好班级》	赵　凯	30.00
	144	《做学生成长的引领者——学生终身成长的素质培养》	田祥珍	30.00
	145	《如何管出好班级——突破班级管理的四大瓶颈》	刘令军	30.00
	146	《青春期性教育教师实用手册》	闵乐夫	30.00
高中新课程系列	147	《高中新课程：教师角色转变细节》	缪水娟	30.00
	148	《高中新课程：班主任新兵法细节》	李国汉　杨连山	30.00
	149	《高中新课程：教学管理创新细节》	陈　文	30.00
	150	《高中新课程：更有效的评价细节》	李淑华	30.00
名师讲述系列	151	《施教先施爱——名师讲述班主任的核心教导力》	杨连山　魏永田	30.00
	152	《在欢乐中成长——名师讲述最具活力的课堂愉快教学》	王斌兴	30.00
	153	《让学生做自己的老师 ——名师讲述如何提升学生自主学习能力》	徐学福　房　慧	30.00
	154	《引领学生高效学习 ——名师讲述如何提高学生课堂学习效率》	刘世斌	30.00
	155	《教育从心灵开始——名师讲述最能感动学生的心灵教育》	张文质	30.00
教育管理力系列	156	《名校激励管理促进力》	周　兵	30.00
	157	《名校安全管理执行力》	袁先潋	30.00
	158	《名校师资团队建设力》	赵圣华	30.00
	159	《名校危机管理应对力》	李明汉	30.00
	160	《名校校本研究创新力》	李春华	30.00
	161	《学校文化力建设策略》	袁先潋	30.00
	162	《名校长核心教育力》	陶继新	30.00
	163	《名校长高绩效领导力》	周辉兵	30.00

系列	序号	书　　　名	作者	定价
教育管理力系列	164	《名校行政管理细节力》	杨少春	30.00
	165	《名校教学管理提升力》	张　韬　戴诗银	30.00
	166	《名校学生管理教导力》	田福安	30.00
	167	《名校校园文化构建力》	岳春峰	30.00
大师讲坛系列	168	《大师谈教育心理》	肖　川	30.00
	169	《大师谈教育激励》	肖　川	30.00
	170	《大师谈教育沟通》	王斌兴　吴杰明	30.00
	171	《大师谈启蒙教育》	周　宏	30.00
	172	《大师谈教育管理》	樊　雁	30.00
	173	《大师谈儿童人格塑造》	齐　欣	30.00
	174	《大师谈儿童习惯培养》	唐西胜	30.00
	175	《大师谈儿童能力培养》	张启福	30.00
	176	《大师谈早恋与性教育》	闵乐夫	30.00
	177	《大师谈儿童情感教育》	张光林　张　静	30.00
教育细节系列	178	《名师最具渲染力的口才细节》	高万祥	30.00
	179	《名师最有效的沟通细节》	李　燕　徐　波	30.00
	180	《名师最有效的激励细节》	张　利　李　波	30.00
	181	《名师培养学生好习惯的高效细节》	李文娟　郭香萍	30.00
	182	《名师人格教育的经典细节》	齐　欣	30.00
	183	《名师营造课堂氛围的经典细节》	高　帆　李秀华	30.00
	184	《名师最有效的赏识教育细节》	李慧军	30.00
	185	《名师最有效的批评细节》	沈　旎	30.00
教学提升系列	186	《方法总比问题多——名师转变棘手学生的施教艺术》	杨志军	30.00
	187	《用特色吸引学生——名师最受欢迎的特色教学艺术》	卞金祥	30.00
	188	《让学生爱上课堂——名师高效课堂的引导艺术》	邓　涛	30.00
	189	《拿什么打开思路——名师最吸引学生的课堂切入点》	马友文	30.00
	190	《没有记不牢的知识——名师最能提升学生记忆效果的秘诀》	谢定兰	30.00
	191	《让学生的思维活起来——名师最激发潜能的课堂提问艺术》	严永金	30.00